Burgrave Hannibal zu DOHNA,
Général-Major en retraite de l'Armée prussienne

NAPOLÉON
AU PRINTEMPS DE 1807

UN TABLEAU HISTORIQUE

Traduit de l'allemand par GEORGES DOUARE

Éditions de " La Revue des Lettres et des Arts "
NICE
1908

Comte Hannibal zu DOHNA,
Général-Major.

NAPOLÉON
AU PRINTEMPS DE 1807

Traduit de l'allemand par GEORGES DOUARE

Éditions de " La Revue des Lettres et des Arts "
NICE
1908

PRÉFACE

DU

BURGRAVE GEORGES ZU DOHNA FINCKENSTEIN

J'avais prié mon cousin, le général burgrave Hannibal zu Dohna, de consacrer son talent réputé d'écrivain à retracer le séjour, que l'empereur Napoléon Ier fit à Finckenstein du 1er avril au 6 juin 1807. Mais, entre ses mains, cet intéressant sujet est sorti de lui-même du cadre tracé.

L'œuvre qu'on va lire embrasse toute la personnalité de l'Empereur corse, ainsi que son développement jusqu'à l'apogée de sa carrière.

Il nous a donc paru plus conforme à notre idée première de publier dans un ouvrage particulier les documents se rapportant spécialement au séjour de Napoléon à Finckenstein, rassemblés sur notre ordre et avec grand soin par l'archiviste particulier, le docteur Joachim. La description des évènements militaires et politiques de cette époque demeura dès lors réservée à la plume du comte Hannibal Dohna.

Nous nous réjouirions de voir publier d'autres études sur cette période de l'Histoire, où, pour n'avoir inscrit, il est vrai, aucun nom de victoire, la Prusse n'en a pas moins donné maints grands coups d'épée.

Dans le fracas de l'écroulement de la monarchie prussienne, le bruit des actions et des pensées de cette époque se perdit. Pourtant ces mêmes hommes, combattants d'Altenzaun et d'Eylau, défenseurs de Colberg, de Danzig et de Graudenz, devaient être, un jour, les vainqueurs de 1813 à 1815 ! Alors qu'à l'Ouest du Royaume, et notamment dans la capitale, on s'affranchissait des antiques traditions, il en allait tout autrement et bien mieux à l'Est de la monarchie. Les habitants des provinces orientales étaient tous occupés du salutaire labeur de s'attacher économiquement et, par cela même, nationalement, ces régions récemment acquises, qui comprenaient la Pologne, jusqu'à la Vistule, avec Varsovie.

Que de travail allemand, que de pensée allemande, que de capitaux allemands furent alors dépensés pour l'Hinterland, tout spécialement par la bourgeoisie de Danzig et de Königsberg. Les élèves de Kant, entrés dans les cercles d'officiers et de fonctionnaires, introduisaient dans leur vie, le principe de l'impératif catégorique, le sentiment du devoir. Et déjà, comme le prouve la fondation de l'Ordensschloss de Marienburg, le goût de l'Histoire et de l'art allemands s'éveillait.

Déjà murmuraient imperceptiblement les sources où Eichendorff et Max de Schenkendorf puisèrent cet enthousiasme, dont vibrent leurs puissants poèmes. Comme au temps de Frédéric, le mouvement religieux était alors très vif et très fort dans l'Est. Les réfugiés et les « Salzbourgeois » accueillis par nos souverains, avaient apporté dans leur nouvelle patrie la force de leur conviction et de leur esprit de sacrifice. En outre, il existait, surtout dans les cercles de la noblesse provinciale, des liens très étroits avec les « Herrenhuter », cette fondation encore florissante du Comte silésien Zinzendorf.

Tout cela concourut à développer, dans les provinces orientales, la personnalité individuelle. L'intense travail économique et politique, l'influence de Kant, le protestantisme, et, en particulier, le calvinisme prêchant l'individualisme dans les idées et dans les sentiments, avaient formé ces hommes qui, dans l'écroulement de la plus grande partie de l'Etat surent, sans autre appui qu'eux-mêmes, soutenir la cause de la Patrie.

L'étude de cette époque nous montre où plongent aujourd'hui encore « les puissantes racines de notre force ». Il n'est pas jusqu'au grand empereur roman, à son génie, à son énergie, et aux légions qu'il conduisait, qui ne durent succomber à ces forces morales et intellectuelles, surgies puissantes du peuple allemand, et, en l'espèce, du peuple Prussien !

L'auteur m'a prié de donner quelques détails encore sur celui qui possédait alors Finckenstein et sur sa famille. Mon arrière grand-père, Frédéric Alexandre, et sa femme, Caroline, née Comtesse de Finckenstein, avaient abandonné, à l'approche de l'ennemi, leurs propriétés de Schlobitten et de Finckenstein. Ils suivirent la Cour à Memel. Leurs fils ont tous pu servir leur souverain, en grande partie en combattant dans les rangs de l'armée, contre Napoléon.

Ces fils étaient : Alexandre, né en 1771, Kammerdirektor à Marienwerder en 1807, qui fut Ministre de l'Intérieur de 1808 à 1810 et mourut en 1831 ; — Guillaume, né en 1773, entré dans la diplomatie, propriétaire de Finckenstein de 1825 à 1831, puis, à partir de 1831, de Schlobitten ; il mourut en 1845 ; — Louis, né en 1776, un des fondateurs de la Landwehr. Il mourut du typhus en 1814, devant Danzig victime de sa sollicitude pour les malades et les blessés ; il commandait les troupes prussiennes assiégeantes ; Fabien, (mon grand-père), né en 1781, blessé à Soldau en 1807, deux fois en Espagne en 1811, à Kulm en 1813 ; il fut propriétaire de Finckenstein de 1831 à 1850 ; — Frédéric, né en 1784, blessé à Halle et fait prisonnier, fut échangé par les Français et combattit encore dans la même campagne sous l'Estocq ; en 1812, il se mit au service de la Russie, prit part à la conclusion de la convention de Tauroggen ; il commanda ensuite pendant la guerre de l'indépendance le 2ᵐᵉ régiment de hussards de la légion russo-allemande, aujourd'hui « preussisches Dohna-Ulanenregiment » et mourut en 1859 Feldmaréchal et Oberkämmerer ; — Helvetius, né en 1789, qui fit la guerre de l'indépendance dans le régiment de son frère Frédéric et mourut en 1821.

Finckenstein, Février 1907.

Napoléon au Printemps
de 1807

Avant-Propos

Au déclin du XVIIIme siècle, une brillante constellation apparaît au firmament de l'Histoire ; vingt années durant, elle captive, sans rivale, les regards étonnés des contemporains ; puis, dans une chute vertigineuse, elle disparaît à l'horizon. C'est en la limitant très etroitement que nous allons entreprendre ici l'étude de ce phénomène dont l'éclat diabolique fait tout pâlir autour de lui. Entre Eylau et Friedland se place l'heure décisive de l'apparition : c'est le sommet de la courbe, que ce géant a décrite, comme un météore, dans les annales de l'Humanité.

Nous essaierons d'exposer au lecteur cette phase remarquable dont un siècle nous sépare aujourd'hui. En même temps, nous nous efforcerons de lui rendre visibles des étoiles de moindre grandeur, que l'observateur ne peut distinguer dans le groupe que muni d'une puissante lunette et dans des conditions particulièrement favorables. Ces étoiles ont pourtant une importance considérable, parce qu'elles modifient sensiblement les contours de l'ensemble. Ainsi, l'historien devient une sorte d'astronome, voire d'astrologue, cherchant à lire dans les astres le gouvernement secret de la Destinée, alors qu'il veut apprécier l'intensité et la direction des rayons de chaque étoile!

Après un siècle, la recherche a le droit de soumettre ce phénomène grandiose à une méditation impartiale et, par suite, éclairée. Pour un membre de la famille qui, alors comme aujourd'hui, possédait le château de Finckenstein, où Napoléon a résidé dix semaines, ce droit devient un devoir.

C'est de ces considérations qu'est née la pensée de cet ouvrage.

Chapitre I

Pour la durée des quartiers d'hiver que l'armée prit après la sanglante bataille d'Eylau, l'Empereur établit son quartier-général à Osterode. Dans cette bourgade il ne put naturellement se loger que d'une manière tout à fait insuffisante. Il venait de subir les fatigues effroyables de la campagne d'hiver en Pologne et en Prusse. Devant lui s'ouvraient les perspectives incertaines d'un avenir décisif pour sa situation dans le monde. L'odieux climat du Nord auquel on n'était pas accoutumé, l'hiver démesurément long, aux brusques changements de température menaçaient de compromettre pendant des mois et des mois le maintien de l'aptitude guerrière des troupes, et en particulier le propre bien-être de leur chef. On peut donc juger de la satisfaction avec laquelle l'Empereur s'installa dans le vaste château de Finckenstein, aménagé avec tout le confort désirable. Ce sentiment apparait clairement dans de nombreuses déclarations, verbales ou écrites, qui nous sont parvenues.

Qu'il nous soit donc permis de convier le lecteur à considérer de près ce château, tel qu'il était il y a cent ans. Le fait que Finckenstein n'a subi dans son extérieur et même dans la décoration de ses appartements que des changements insignifiants nous facilite singulièrement la tâche.

Le château fut construit de 1716 à 1720, c'est-à-dire un peu moins d'un siècle avant que Napoléon ne vînt y séjourner. Alors comme aujourd'hui encore, il portait l'empreinte de distinction que son constructeur lui a donnée, empreinte qui se manifeste aux yeux du visiteur par la grandeur des proportions et la décoration des murs. Un revêtement rose, rappelant celui qu'on voit aux ruines de Pompeï, est d'un fort joli effet.

Finckenstein était un de ces châteaux dits « royaux » construits au lendemain de l'élévation de l'Electeur de Brandebourg au rang de « roi en Prusse », et destinés tant à témoigner de la nouvelle dignité du prince et de l'importance échue de ce fait à la province, qu'à répondre au besoin, qui fut celui de toutes les grandes familles du pays, d'être à même d'offrir une hospitalité décente aux souverains prussiens lors de leurs visites. On pouvait en effet prévoir que celles-ci seraient désormais plus fréquentes que par le passé, dans ces régions sur lesquelles reposait la dignité royale. C'est ainsi que furent construits dans le goût de l'époque, probablement par les mêmes architectes, sur des plans analogues, les châteaux de Donhoffstaedt, Friedrichstein et Finckenstein. En même temps on transformait ceux de Schlobitten et de Schladien. Tout un étage était aménagé pour pouvoir en tout temps servir de résidence aux princes ; et, de fait, tous les rois de Prusse furent les hôtes vénérés de ces châteaux.

Cette circonstance était bien connue de l'empereur des Français. Aussi lorsque le transfert de son quartier-général à Finckenstein fut décidé, les fourriers se présentèrent-ils avec la consigne de loger l'Empereur dans les mêmes chambres qu'avait occupées Frédéric-le-Grand. On ne se crut pas obligé de faire savoir à Napoléon que sa supposition concernant ce monarque était toute gratuite, et on mit à sa disposition les appartements dits « du roi ». Depuis ceux-ci ont été désignés sous le nom de « appartements de Napoléon ». Par là on a voulu non pas rendre hommage au grand ennemi, mais seulement constater un séjour qui demeurera toujours un fait historique considérable.

L'histoire locale nous dit que le nom de Finckenstein fut donné par le fondateur du château, le comte Albert-Conrad de Finckenstein, devenu plus tard général feld-maréchal, aux anciennes terres d'Habersdorf, qu'il avait achetées aux Eulenbourg et dont il avait fait un fideicommis. Cet homme remarquable fut appelé par la confiance du roi Frédéric-Guillaume Ier au poste de gouverneur militaire et de précepteur du jeune kronprinz Frédéric. Il mourut en 1735. Léopold de Ranke lui décerne ce témoignage : « Il était un de ces hommes rares dont la vertu en impose aux médisants. Travailleur acharné et modeste, sage administrateur et constructeur magnifique, il fut un bon chrétien et, avant tout, un vaillant. » Son fils, qui hérita de ses biens, les vendit en 1782 à son gendre, le burgrave Frédéric-Alexandre de Dohna-Schlobitten, nommé plus tard obermaréchal du royaume de Prusse. C'est celui-ci que nous trouvons propriétaire du fideicommis de Finckenstein à l'époque de Napoléon. En ces temps malheureux, il avait suivi le couple royal à Memel ; il était donc absent de Finckenstein lorsque Napoléon y résida. Son fils, qui fut plus tard son héritier, était alors kammerdirector à Marienwerder ; sur l'ordre formel de l'Empereur, il dut venir en personne au château. Par sa conduite courageuse, par son attitude énergique en présence de l'« Imperator », il mérita la reconnaissance publique.

A cette époque. l'empereur français désirait vivement amener le roi de Prusse hors de l'alliance russe et lui faire accepter une paix séparée. C'est dans ce sens que l'obermaréchal devait user de son influence sur le roi ; quant à son fils, il y prêterait la main.

L'entretien eut lieu en tête-à-tête. Nous n'en connaissons que le refus formel opposé par le comte Dohna aux insinuations de l'Empereur. Il est permis d'en déduire la nature des intentions de celui-ci et, en même temps, l'influence considérable qu'une complaisance du comte eût pu avoir sur le cours des événements. Quoiqu'il en soit, le fait est assez remarquable pour nous inspirer le désir de connaître le théâtre de ces entretiens historiques et de beaucoup d'autres encore.

Du corps de logis mis à sa disposition, l'Empereur occupa l'aile septentrionale et, notamment, les chambres 6, 7, 8 et 9 (voir le plan). Nous allons les décrire en détail.

Chambre n° 6 : dite « salon brun », vaste salle de réception, richement décorée de panneaux de chêne et ornée d'un plafond splendide. Elle était réservée aux grandes audiences, et c'est là probablement qu'eut lieu la réception des ambassadeurs persans, dont nous reparlerons plus loin.

Chambre n° 7 : la salle du déjeuner et des audiences ordinaires. Là se tenait Napoléon pendant le jour ; là se trouvaient ses tables de travail ; là il dicta cette correspondance colossale, ces ordres et ces bulletins, dont nous montrerons l'importance historique. C'est de là enfin que partirent ces ordres et ces instructions, dont l'action dépassait les limites du continent et se faisait sentir jusqu'en Arabie et en Perse.

Aux portes de cette chambre, comme à celles de la chambre à coucher, qui lui est contiguë, on

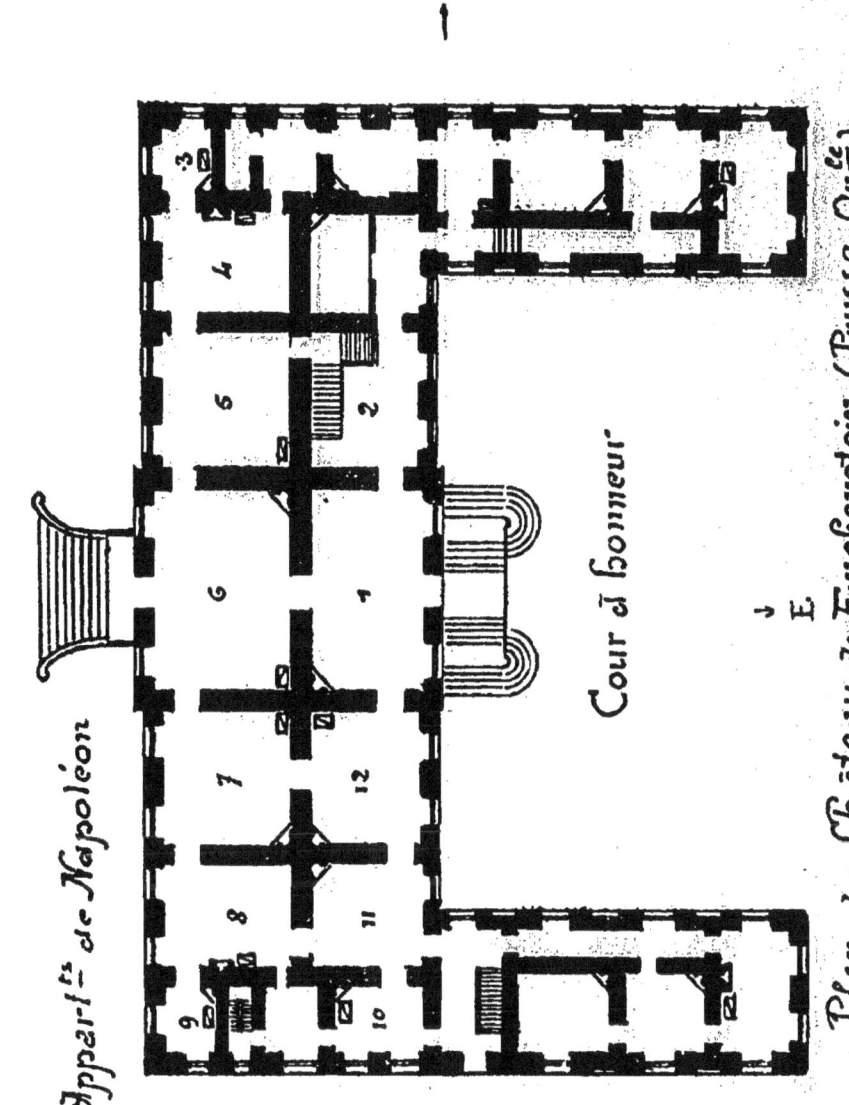

peut voir encore aujourd'hui les verroux que Napoléon fit placer pour sa sécurité personnelle.

Chambre n° 8 : chambre à coucher. Elle est absolument demeurée telle que l'Empereur l'a laissée. Disons de suite qu'il n'a jamais dormi dans le lit de parade qui s'y trouve, mais bien dans son lit de camp, dressé dans l'étroit espace entre le lit de parade et le mur.

Chambre n° 9 : petite pièce de coin, qui ne semble pas avoir été utilisée.

Chambre n° 10 : cette salle, un peu plus grande et plus commode que la précédente, offre un intérêt tout particulier. C'est là, en effet, que pendant tout le séjour de Napoléon au château, habita cette belle et gracieuse Polonaise, la comtesse Walewska, dont les relations avec l'Empereur durèrent jusqu'après l'île d'Elbe.

Cette pièce, dite « chambre Walewska », communique avec la chambre à coucher par une salle de bains.

Chambres n°s 11 et 12 : deux grandes pièces donnant sur la cour du château, c'est-à-dire vers le couchant. Elles étaient occupées par les aides de camp de service de l'Empereur.

On peut donc dire que ce fut dans les appartements qui viennent d'être décrits, que se déroula pendant dix semaines toute la vie intime, politique et militaire de Napoléon.

Les chambres 7 et 8 donnent vers l'Est, sur le parc. Celui-ci s'étend jusqu'au grand lac de Gauden. Le fondateur du château le fit dessiner à la française, suivant la mode du temps. C'est ainsi que le trouva Napoléon. Fréquemment modifié entre temps, ce parc a été rétabli dans son dessin primitif par le propriétaire actuel, le burgrave Georges zu Dohna. Pour qui, du perron du château, laisse errer son regard sur les pelouses et les parterres fleuris, vers ce lac miroitant que sillonnent des centaines de cygnes sauvages, il est donc facile de se reporter par la pensée au temps où le puissant vainqueur de l'Europe, l'Homme du Destin, se promenait paisiblement dans ces allées dont une, celle du Nord, porte encore le nom d' « allée de Napoléon ». Il peut aussi se représenter l'Empereur entreprenant d'infructueuses chasses sur le lac ! Ces détails et d'autres encore concernant la façon de vivre de Napoléon nous sont parvenus grâce à un procès-verbal conservé dans les archives du châte... qui fut rédigé une dizaine d'années plus t...u d'après les dépositions de témoins oculaires vivant encore.

Sur la façade occidentale, du côté opposé au parc s'avancent deux bâtiments d'ailes. Entre eux s'ouvre la cour d'honneur du château, qui s'étend jusqu'à la grand'route. C'est là qu'avait lieu l'exercice de la Garde. Là, l'Empereur passait ces revues, auxquelles la belle comtesse Walewska assistait d'une fenêtre de la salle des aides de camp, salle ornée alors comme aujourd'hui encore des portraits des officiers du régiment du comte Finckenstein. Nous pouvons nous représenter tout cela et avoir une vision d'une multitude de scènes historiques. A nos yeux se dessine la silhouette du « petit caporal », et nous le voyons persuadé d'être à l'apogée de son bonheur et de sa gloire alors que sonnait précisément l'heure fatale de sa carrière !

La phase de Finckenstein nous apparaît en effet comme le moment critique dans ce drame mondial dont Napoléon fut le héros. Tout oreilles et hors d'haleine, l'univers assiste alors à l'enlacement du principal personnage dans les rêts de la Destinée ; il voit se préparer la catastrophe ; il sent que l'heure du grand bouleversement est proche et il prévoit le dénouement.

Depuis Charlemagne, l'histoire du monde n'offre pas d'exemple d'une puissance individuelle aussi vaste que celle dont les hommes de 1807 virent le développement. Or, au moment où le héros de la tragédie se dresse à nos yeux dans une pareille posture, nous éprouvons le désir de jeter un coup d'œil rapide sur les étapes qui l'ont amené là. Car pour qui veut voir le Maître de l'Occident se promener dans le parc de Finckenstein, pour qui veut comprendre les conséquences de ce qui est sorti de ce château, il est nécessaire de considérer par quelle ascension cet homme est arrivé à ce degré de puissance. C'est seulement alors que l'observateur sera à même de revivre le court laps de temps qu'on se propose d'examiner ici ; alors seulement il pourra jouir du spectacle auquel il est convié et dégager enfin du héros de la Tragédie l'inéluctable pressentiment de la Destinée en marche.

Chapitre II

Les dix années, de 1796 à 1806, sont sans exemple dans l'histoire universelle : jamais, en effet, on ne vit pareille époque de succès ininterrompus pour un seul et même individu. A vingt-six ans, sans préparation, sans avoir gravi les échelons intermédiaires de la hiérarchie, Napoléon est nommé d'emblée général en chef d'une armée qui manque de tout. C'est sans crainte, avec un front d'airain et une force de volonté inflexible qu'il aborde la scène du monde : il va la dominer désormais sans rival. Consul à trente ans, empereur à trente-quatre, il est à trente-six ans le maître de l'Occident ! Royaumes et principautés tombent de sa poche comme des pièces de monnaie ! Autrichiens et Piémontais, Mamelucks et Turcs, Autrichiens et Russes, Prussiens et Saxons, ces armées fameuses, supérieures en nombre et commandées par les généraux les plus expérimentés sont vaincues ! Capitaine toujours victorieux il entre, à la tête de ses invincibles légions, dans Milan, Venise, Le Caire, Vienne et Berlin. Sur la carte d'Europe, on peut voir se dessiner à nouveau les limites de l'empire carlovingien. Une foule de vasseaux empressés entoure le nouvel empereur d'Occident, le souverain tout puissant de la France, de l'Italie et des Pays-Bas, protecteur de la Confédération du Rhin, l'homme qui a dompté la Révolution et rétabli l'ordre, la foi et le droit, l'homme du Destin, enfin, sous la puissance duquel les peuples et les souverains doivent se courber sans mot dire! Droysen résume l'impression des contemporains par le mot d'Aristote : « Un tel homme est comme un dieu parmi les humains! »

Et, de fait, qui pourrait blâmer les contemporains d'avoir été prêts à voir la garantie du salut de l'humanité dans cet homme extraordinaire qui les dépassait tous démesurément? Jamais autant d'attentes ni d'espoirs ne se concentrèrent sur un seul homme! Jamais aussi l'univers ne fut plus cruellement déçu que lorsqu'il se vit enfin obligé de réunir toutes ses forces pour écraser ce héros dont naguère il avait fait un dieu, et pour attacher l'ennemi commun avec des chaines d'airain sur un rocher perdu au milieu des mers lointaines. Nous, la postérité, nous connaissons le dénouement. Les contemporains l'ignoraient. Au cours des années 1805 et 1806, ils avaient vu Ulm et Austerlitz, Iéna et Auerstædt; ils avaient assisté à l'entrée triomphale de l'Imperator dans Vienne et dans Berlin, à l'écroulement de la monarchie du grand Frédéric et au relèvement de la Pologne. Leurs yeux demeuraient éblouis par ces succès inouïs!

En réalité, après les victoires écrasantes du milieu d'octobre 1806, le fond de la scène du monde parait reculer dans l'infini. Les débris des armées prussiennes sont obligés de mettre bas les armes; les places fortes capitulent; tout le pays à l'ouest de la Vistule tombe au pouvoir des Français. Au nord de l'Europe, aux antiques confins de l'Occident et de l'Orient, apparaissent les aigles des légions victorieuses, qui vont fondre sur le dernier adversaire encore debout en Europe.

L'opinion publique attendait anxieuse. De sombres pressentiments agitaient les cœurs et, avec une impatience bien compréhensible, le monde voyait le dénouement approcher.

C'est en cette heure d'une importance incalculable que commencèrent à se faire entendre de sourds grondements souterrains. Ils se propagèrent avec la rapidité de l'éclair. Dans les derniers jours de cette année 1806, si riche en événements, des nouvelles arrivèrent des contrées inhospitalières qu'arrosent le Bug et la Narew. Des échecs auraient été subis, des entreprises manquées par les généraux français opérant dans cette région. Les Russes auraient opposé une résistance imprévue et opiniâtre ! Le froid, le mauvais état des routes, le manque de subsistances auraient nécessité, disait-on, une suspension des opérations ! Bruits exagérés, mais avec un fond de vérité !

Pour la première fois une campagne de l'Invincible parut devoir manquer de son habituel couronnement ! C'était là un terrible danger pour le parvenu tout-puissant, pour l'ambitieux « Empereur des batailles » ! Aux souverains légitimes il était bien permis de subir des défaites, de perdre des places fortes et des provinces. Mais pour lui, l'usurpateur, l'aventureux condottiere, le succès ininterrompu demeurait une nécessité vitale !

Six semaines plus tard le monde apprit avec stupeur une autre nouvelle importante. Dans les plaines glacées de Preussisch-Eylau, une bataille avait été livrée le 8 février 1807, et, cette fois-ci encore sans résultat. Les deux adversaires devaient avoir subi des pertes énormes, et chacun d'eux s'attribuait la victoire.

Peu à peu on eut des détails. Tout d'abord, disait-on, la sanglante bataille avait tourné mal pour les Russes ; mais l'entrée en jeu opportune du petit corps prussien, dernière force de cette Prusse presqu'oubliée, était venue rétablir les affaires ; l'attaque de ce maréchal Davoust si redouté s'était brisée contre l'opiniâtreté héroïque de ces mêmes Prussiens, et le champ de bataille était resté aux Alliés. Sans doute, le lendemain, le généralissime russe avait bien battu en retraite sur Kœnigsberg : mais il ne s'y était décidé que de son plein gré et n'avait pas été poursuivi. De leur côté, les Français paraissaient avoir également renoncé à continuer les opérations. L'épuisement général, la saison, la difficulté d'approvisionner des masses aussi considérables, tout faisait espérer une longue suspension d'armes. Il n'en fallait pas davantage pour provoquer dans l'opinion publique un revirement qui pouvait menacer au plus haut point la situation de l'Imperator.

En France surtout on apprit avec un dépit bien compréhensible la nouvelle des pertes énormes subies à la bataille d'Eylau, pertes dont Napoléon ne pouvait pas tout à fait voiler le chiffre dans ses pompeux bulletins de victoire. On commença de se demander si ce n'était pas acheter trop cher par ces hécatombes, devenant manifestement de jour en jour plus grandes, la gloire douteuse de livrer des batailles indécises dans de lointaines contrées et de détrôner des souverains légitimes dont les biens servaient à doter les membres de la famille impériale ! Le salut de la France était-il donc subordonné à la réalisation des plans gigantesques de l'Empereur ? Cet état de guerre perpétuel, cette diminution du bien-être due aux exigences du nouveau système étaient-ils donc en harmonie avec les vœux et les espoirs de la nation, qui après les terribles commotions intérieures et extérieures des quinze dernières années aspirait avant tout au repos et à la paix ? Les signes d'un mécontentement croissant n'étaient plus contestables. Dans les provinces on en vint à des refus formels d'obéissance à l'égard des fonctionnaires chargés des opérations de la conscription. Le nombre des insoumis s'accrut considérablement. Il parut nécessaire d'employer la force armée, et de déclarer l'état de siège dans plusieurs départements, où la population prenait parti pour les récalcitrants et les favorisait.

Dans les départements de l'Ouest les royalistes, encouragés par cette mauvaise humeur de jour en jour plus vive, commencèrent de relever la tête. Mais cela était vrai surtout des républicains. Depuis le coup d'Etat du 18 brumaire et, en particulier, depuis la déportation illégale de quelques jacobins spécialement dangereux, leur haine contre Napoléon surpassait celle des royalistes. Un nombre assez considérable d'officiers supérieurs et, parmi eux, quelques-uns des généraux les plus expérimentés étaient connus pour conserver des opinions républicaines et détester le nouvel ordre de choses. De même dans les rangs des sous-officiers et des soldats il ne manquait pas de partisans de la Révolution, d'hommes auxquels le général Bonaparte de 1796 était plus sympathique que l'empereur Napoléon de 1806.

La note la plus inquiétante était donnée par les rapports venus des pays jadis allemands de la rive gauche du Rhin. Peu à peu les habitants avaient eu le temps de comparer leur nouvelle situation avec celle qu'ils avaient jadis, lorsque, sous le sceptre léger des électeurs ecclésiastiques, ils dépendaient de l'empire d'Allemagne. Depuis longtemps le premier enthousiasme pour les bienfaits, qu'on attendait de la réunion à la France, s'était évanoui pour faire place à d'autres sentiments. Les sacrifices en hommes et argent, plus lourds d'année en année, le gouvernement rigoureux des fonctionnaires français, le dédain arrogant qu'ils affichaient pour les institutions et les coutumes anciennes, toutes ces expériences n'avaient pas manqué d'irriter au plus haut point la population.

Dans les départements maritimes on souffrait cruellement de la ruine totale du commerce due d'une part au blocus des ports par l'Angleterre et, d'autre part, au blocus continental décrété par Napoléon. En déclarant aux Anglais une guerre à mort l'Empereur provoquait des représailles. Désormais tous ses ennemis, quels qu'ils fussent, pouvaient compter sur l'appui de l'Angleterre. Le duel entre Napoléon et les Anglais devenait une lutte entre la terre et la mer et chaque accroissement territorial de Napoléon fournissait aussitôt un nouveau point d'attaque à l'Angleterre.

L'Empereur connut-il exactement cette situation et cet état d'esprit, tels que nous venons de les dépeindre ? Un coup d'œil sur les rapports qui lui parvinrent suffit à nous en convaincre. Mais le sentiment de sa toute-puissance lui fit dédaigner ces avertissements comme tant d'autres !

Voyons maintenant quelle était l'opinion publique dans ces territoires que l'Empire français enfermait momentanément dans ses limites au printemps de 1807. On sait que depuis le 26 mai 1805, l'Empereur avait ceint la couronne d'Italie, et que depuis le traité de Pressbourg la plus grande partie des provinces septentrionales de la péninsule ainsi que Venise et l'Illyrie, avait été réunie à l'Empire. Le 30 mars 1806, Joseph Bonaparte, l'aîné des frères du tout-puissant empereur, avait été fait roi de Naples et de Sicile, dignité qui, du moins en ce qui concerne la Sicile, ne devait toujours être qu'un vain titre, car les Bourbons, chassés du continent, se maintinrent dans l'île grâce à l'appui des Anglais. A l'exception de la Sicile et aussi de la Sardaigne, dernier asile de la maison de Savoie également expulsée de ses domaines continentaux, toute l'Italie appartenait donc soit directement, soit indirectement à Napoléon.

A peine nées, toutes les républiques s'étaient vues de nouveau transformées en monarchies. Seule la personne des souverains avait changé. A la place des anciens princes plus ou moins légitimes étaient venus Napoléon et ses frères et sœurs. Les patriotes, partisans des idées proclamées et apportées par la grande Révolution, se sentaient amèrement déçus dans leurs espoirs. Le nouvel ordre de choses leur apparaissait comme une trahison envers leur patrie et une honte nationale. Mais cette mauvaise humeur se calmait un peu à la pensée que les souverains dépossédés étaient pour la plupart des maîtres venus du dehors et imposés par l'étranger, alors que les membres de la famille Bonaparte, en leur qualité de Corses, pouvaient en tous cas être comptés comme de nationalité italienne. Et, avant tout, l'Autriche, cette Autriche détestée, n'était-elle pas enfin, et comme on l'espérait alors, pour toujours chassée du sol italien ? Aussi, à l'exception des républicains irréductibles et des Piémontais dévoués à leurs princes légitimes, les Italiens étaient-ils en majorité partisans de Napoléon. Ils lui demeurèrent fidèles, même jusqu'après sa chute.

De même la péninsule ibérique se mouvait depuis longtemps dans le sillage de la politique française. Les Bourbons d'Espagne se considéraient comme de dociles vassaux de leur tout-puissant voisin. L'incapable et présomptueux favori de la reine, le Prince de la Paix, aux mains de qui était confiée la direction de la politique espagnole, était ouvertement dans la dépendance personnelle de Napoléon. Au printemps 1807, nous verrons des troupes espagnoles paraitre en Allemagne en qualité d'auxiliaires de l'Empereur. Quant à la marine de l'Espagne, elle avait été réellement sacrifiée dans la catastrophe de Trafalgar.

Napoléon ne pouvait pas compter avec autant de certitude sur le Portugal, petit pays, il est vrai, mais important par sa situation. Le régent de cet Etat, plus tard roi sous le nom de Jean VI, était un adversaire résolu de l'Empereur. Avec une rare prescience de l'avenir, il s'était entendu avec l'Angleterre, et était décidé, dans le cas probable d'une invasion des Français et des Espagnols, à aller chercher un asile dans ses possessions d'Amérique. La suite a montré quelle importance capitale cette conduite de la maison de Bragance eut sur les destinées de l'univers C'était sur les côtes du Portugal que devait prendre appui un levier qui contribua essentiellement à ébranler la domination du Corse.

La vénérable république des Etats Généraux s'était vu imposer le 24 mai 1806, au même moment que l'Italie, un souverain de la famille Bonaparte. Louis, frère cadet de l'Empereur, mari d'Hortense de Beauharnais, cette fille adoptive tant aimée, et père de l'héritier présomptif de l'Empire, était monté sur le trône de Hollande. Ce nouveau monarque, dont les capacités et le caractère ont été très diversement jugés, se trouva dès le début dans une situation fort difficile. Un grand nombre de Hollandais, en effet, demeuraient dévoués à la maison d'Orange, et beaucoup d'autres eussent préféré une annexion directe à la France. Mais, en attendant, l'Empereur pouvait tenir pour certaine la soumission absolue de ce royaume feudataire, aussi important par sa situation que le Portugal.

Il nous reste encore à examiner en toute impartialité ce qu'était devenue l'Allemagne après l'écroulement de la monarchie prussienne et la dissolution de l'Empire. Cet examen nous conduira à des constatations surprenantes, de nature à corriger radicalement les idées admises jusqu'ici. Nous ne devons pas oublier que nous sommes au début de l'année 1807, c'est-à-dire à une époque où s'était révélée l'immense supériorité de l'Empereur dans le domaine politique et militaire. Ses défauts n'apparaîtront que plus tard. Nous devons également avoir présent à l'esprit qu'au commencement du XIX° siècle il ne pouvait être en aucune manière question d'un sentiment national allemand, et qu'en particulier les princes allemands considéraient comme une lourde chaîne cette dépendance de l'Empire qui, pour ne leur procurer aucune garantie, les gênait dans leurs velléités de souveraineté. Tous étaient prêts à s'en affranchir à la première occasion. Depuis quatre cents ans que la maison de Habsbourg-Lorraine était en possession de la dignité impériale, elle n'avait usé de cette situation que pour accroître ses domaines privés. Depuis la chute des Hohenstaufen, c'est-à-dire depuis cinq siècles, il n'y avait plus d'empereur au sens ancien du mot ! La puissance des princes s'était accrue à un tel point, que leur vassalité à l'égard du suzerain n'était plus que nominale ; et encore ce dernier semblant d'autorité avait-il disparu depuis que François II avait abandonné le titre de roi des Romains.

Or, à ce moment-là, dans l'ancien royaume franc, un nouveau Charlemagne s'était dressé, créant une monarchie universelle dont la majesté ne le cédait en rien à celle de l'empire d'Occident au commencement du IX° siècle. Et cet Imperator tout-puissant, au génie transcendant et irrésistible, lui qui venait tout récemment de briser la monarchie du grand Frédéric, ce nouveau César Auguste qui avait dompté la Révolution et vaincu l'Europe, c'était celui-là même qui avait pris les princes allemands sous sa garde. Il s'était déclaré leur protecteur ; il leur avait accordé des accroissements de territoire. De simples électeurs et de simples ducs, il avait fait des rois et des grand-ducs, proclamant leur souveraineté sous la réserve tacite de leur soumission à ses volontés. Il était donc tout naturel que ces rois et ces princes fussent dévoués et reconnaissants envers leur suzerain, qu'ils lui fournissent des troupes et lui demeurassent fidèles, tant que durerait sa toute-puissance, comme il l'était qu'ils l'abandonnassent dès que se produirait la catastrophe.

Aujourd'hui ces faits nous apparaissent sous un jour tout différent, si bien qu'il nous est très difficile de les juger impartialement. Nous regardons comme une honte nationale ce que les gens d'alors tenaient pour absolument admissible et même légitime. Un observateur sans préjugés serait d'ailleurs fort embarrassé, si on lui demandait ce que ces princes devaient faire pour sauvegarder à la fois leur existence et leur dignité nationale ! Par l'exemple de ceux qui, en petit nombre, ne se soumirent pas, nous voyons quel était le sort réservé à quiconque refusait la main que leur tendait le tout puissant vainqueur. Un trait de plume de cette main, et c'en était fait de son existence, et ses domaines étaient adjugés à un voisin avide et plus souple !

A dire vrai, il en allait tout autrement dans le Nord de l'Allemagne. Là, dans la région de la Basse-Saxe vivait une population nettement hostile au caractère français et aux idées de la Révolution. Opiniâtrement attachée à ses princes légitimes et aux vieilles institutions, elle opposait une résistance obstinée, encore que passive, aux maîtres qui lui étaient imposés. Les anciennes provinces prussiennes, qui avaient reçu un souverain étranger dans la personne de Murat, fait grand-duc de Berg, conservaient un loyal attachement pour leur souverain légitime, le roi de Prusse. La Hesse électorale, le Brunswick-Hanovre ainsi que le Mecklembourg et les villes hanséatiques demeuraient en très grande partie anti-français.

Ce qui est extrêmement remarquable, mais hélas ! trop vrai, c'est que cette hostilité contre la France ne se trouve pas à un même degré dans les domaines propres de la Prusse après la catastrophe d'Iéna, et cela vingt ans seulement après la mort du grand Frédéric. On y assista à l'écroulement de la monarchie avec une sorte d'indifférence, qui nous paraît aujourd'hui à peine croyable. La destruction de l'armée avait révélé avec une netteté effroyable la faiblesse du pays ; une inertie sans pareille s'était emparée des cœurs et avait conduit tout naturellement à des actes inexplicables. C'étaient des corps d'armée qui capitulaient en rase campagne. C'étaient des places fortes bien pourvues, qui rendaient leurs clefs à de simples patrouilles de cavalerie française. C'était tout le pays à l'Ouest de la Vistule, qui se soumettait pour ainsi dire sans résistance au vainqueur ! Comment pouvait-il en être ainsi ?

S'il est vrai que quelques semaines avant la catastrophe d'Iéna toutes les personnalités compétentes, tant politiques que militaires, de la Prusse aient été intimement persuadées de la victoire indubitable des armées prussiennes ; s'il est vrai que l'on ait exprimé la crainte de voir l'empereur des Français s'intimider si fort devant l'annonce des armements de la Prusse qu'il en évacuerait spontanément l'Allemagne pour éviter une défaite imminente ; s'il est vrai enfin que l'on ait sérieusement discuté la question de savoir si les conditions que l'on poserait à Napoléon ne devaient pas être tellement exorbitantes, qu'il serait dans l'impossibilité de les accepter, si tout cela est vrai, nous pouvons nous demander en vérité, si les esprits étaient alors dans notre pays dans leur état normal ! Cet aveuglement incompréhensible devait conduire à une réaction dans le sens opposé. A l'infatuation démesurée succédèrent tout à coup et sans transition le désespoir et le découragement. L'Empereur, si superbement dédaigné quelques instants auparavant, apparut avec l'auréole de son invincibilité comme l'homme de la Providence, l'élu de Dieu, l'exécuteur de la volonté divine, devant qui toute résistance était vaine. Les armées et les places fortes pouvaient se rendre presque sans résistance : ce n'était encore là qu'un moindre mal. Le grand malheur, c'était l'asservissement volontaire des âmes ! La dignité humaine, l'honneur militaire, la fidélité au roi, l'amour de la patrie, tous ces sentiments semblaient s'être évanouis dans les cœurs et avoir fait place à une morne indifférence, à la servilité et au désespoir.

Au cours de notre récit nous aurons l'occasion de mettre en scène des hommes qui sont demeurés fidèles à eux-mêmes et à la patrie, et qui, fermement confiants dans le relèvement de la monarchie abattue, ont cru sans défaillance au triomphe final de la bonne cause. Pour la plupart ils étaient de cette province de Prusse sur qui s'appesantirent plus lourdement que partout ailleurs les maux terribles de la guerre, de cette Prusse qui porta le plus longtemps le douloureux fardeau des événements, et d'où cependant, six années seulement plus tard, le magnifique soulèvement contre le vainqueur et l'oppresseur de la Patrie devait prendre son glorieux essor. Qu'il soit permis à un membre de la famille Dohna de rappeler que, parmi les hommes qui la composaient alors, pas un ne s'est rencontré qui, dans ces temps terribles d'abattement, de découragement et de morne résignation, n'ait sauvegardé sa dignité et prouvé son inébranlable patriotisme. La famille Dohna possède dans ses archives une volumineuse correspondance de cette époque : on y voit que ces hommes ont été des patriotes dans la plus belle acception du mot et c'est avec satisfaction que nous pouvons nous retourner vers eux.

Chapitre III

Nous avons essayé de montrer quelle conception les contemporains peuvent avoir eue de la personnalité de Napoléon au début de l'année 1807. Mais pour l'évolution des faits, il est encore plus intéressant de connaître l'idée que Napoléon s'est faite, à ce moment de sa carrière, de lui-même, de l'étendue de sa puissance et de ses prétentions à l'établissement d'une monarchie universelle. Se considérait-il lui-même comme l'instrument de la Providence, ainsi que faisaient ses contemporains ? Croyait-il fermement, lui aussi, en sa toute-puissance ? Certes l'univers pouvait bien être prêt à supporter le joug que son vainqueur allait lui imposer et, de fait, nous savons qu'il s'y est soumis pendant six années encore. Mais ce qui est incomparablement plus important, c'est de connaître les bornes extrêmes que cet homme extraordinaire s'était imposées à lui-même, ainsi que les plans gigantesques qu'il mûrissait dans son esprit toujours en travail. Nous en savons assez aujourd'hui, croyons-nous, sur ces vastes projets, pour pouvoir dire que, dépassant les limites de notre continent, ils embrassaient l'Orient et culminaient dans le rêve colossal d'un empire mondial. Comme on le verra, c'est précisément pendant la phase de Finckenstein qu'apparaissent des symptômes indéniables de cette folie des grandeurs qui se développe chez l'Empereur. Mais c'est aussi à cette même époque que se révèle un revirement dans les idées des contemporains. Et on peut prétendre qu'au moment même où grandissait en Napoléon la foi en l'immensité de sa toute-puissance, la croyance en la durée de cette puissance ainsi qu'en l'invincibilité de l'Empereur s'éteignait chez les contemporains. C'est là une heure extrêmement grave, dont l'étude est bien digne de notre intérêt.

Chapitre IV

Considérons donc l'homme qui, le soir du 1ᵉʳ avril 1807, met pied à terre dans la cour du château de Finckenstein et qui va y résider dix semaines. Que se passait-il en lui ? Quelles décisions, quels plans, quels desseins occupaient alors son génie infatigable ? Quel sort était réservé à l'univers anxieux ?

Si nous voulons répondre à ces questions, il nous faut absolument écarter tout ce que nous savons de ce qui se passa au cours des années suivantes. Sinon notre réponse serait par trop banale. Ce n'est pas dans l'avenir que nous irons la chercher, mais bien dans le passé. Nous essaierons de faire apparaître clairement la connexion causale qui existe entre la nature même de Napoléon et l'évolution des faits. Et pour cela nous nous reporterons à cette période strictement limitée au séjour de Napoléon à Finckenstein, qui sera exactement à cent ans de nous, lors de la publication de ces pages [1].

Il ne peut être question ici de porter un jugement sur les actes de l'Empereur non plus que sur leur contre-coup sur les destinées de l'humanité. Cela n'est pas de notre ressort. Tout personnage historique a droit, en effet, à un tribunal composé de ses pairs. Où trouverait-on un aréopage pour

---

1. Le livre du général comte zu Dohna a paru en Allemagne en avril 1907. (Note du traducteur.)

prononcer un verdict sur un Napoléon ? Pour nous, la postérité, nous entendons la sentence de l'Histoire retentir dans le nom tragique de Sainte-Hélène. Mais, en même temps, nous voyons le dôme des Invalides se dresser devant nous ; nous contemplons le cercueil où gisent les restes mortels de cet homme tout-puissant dont la mémoire vivra à jamais parmi les hommes.

C'est dégagés de tout parti-pris national, également distant de l'admiration et de l'aversion et pénétré de la grandeur de notre tâche, que nous abordons cette étude.

Chapitre V

Au premier rang de nos considérations sur la formation de Napoléon, nous mettons son origine corse.

Le Corse n'a pas de patrie. Depuis la fin des luttes pour l'indépendance, l'idée de la patrie est morte dans cette île. Le Corse appartient à sa tribu. Entre ces tribus il y avait et il y a encore aujourd'hui des haines mortelles et séculaires qui se manifestent par des actes de violence et par la meurtrière vendetta. Il faut avoir été en Corse et avoir vécu au milieu de ces hommes hardis et résolus pour avoir une idée de leur nature, de leur mentalité et de leurs sentiments.

Au fond, Napoléon est demeuré Corse. Il ne fut ni ne devint jamais Français. Le hasard fit que les conditions premières de son élévation se trouvèrent précisément réalisées en France. Et c'est parce qu'il en fut ainsi, et non parce que Bonaparte se sentit Français de cœur, que ce pays fut la terre nourricière de sa grandeur.

De là, chez Napoléon l'absence de tous ces sentiments qu'un homme né sur un sol moderne, tient pour grands et sacrés, parce qu'ils sont l'héritage du pays natal. Tels sont l'attachement à la terre qui nous a vu naître et l'amour de la patrie, sentiments qui bien souvent régissent nos actes au rebours de notre propre volonté. A toutes ces considérations, Napoléon demeure étranger ! A l'heure même où il s'en éloigne, il oublie complètement son île natale ; et c'est seulement à Sainte-Hélène qu'il se souviendra d'elle pour regretter de n'avoir pas fait davantage pour la Corse !

Chez lui apparaissent très développées les qualités inhérentes au Corse qui s'expatrie. Dans son son île, en effet, le Corse est indolent, paresseux, taciturne, peu communicatif et incapable d'élan. Transporté à l'étranger, il devient, au contraire, actif, entreprenant et merveilleusement apte à tous les emplois. A ses yeux, le monde n'est plus qu'un champ d'exploitation pour son énergie. Or c'est précisément ce don que nous trouvons chez Napoléon plus que chez tout autre personnage historique.

Mais l'origine de sa race remonte plus loin qu'en Corse : pour la trouver, il faut aller jusqu'aux premières années du Moyen-Age. Napoléon est issu d'une famille de condottieri de l'Italie continentale, et, par sa nature, il appartient à une époque depuis longtemps disparue. Parmi ces aventureux soldats de fortune du XVe siècle, les Bonaparte étaient nombreux. L'exemple de ce fils d'un paysan de Cotignola, qui par son audace, sa sagesse et sa farouche énergie devint duc de Milan et fut le plus riche comme le plus heureux des princes de son temps, excitait l'émulation. Mais bien rares furent ceux à qui la Fortune accorda le sort d'un Francesco Sforza, et, parmi ces heureux, il ne se trouva pas de Bonaparte ! Ce que la Renaissance n'avait pas permis, un autre âge devait le voir.

A la fin du XVIIIme siècle, le monde frappé d'étonnement et d'effroi devait assister au spectacle grandiose de l'élévation d'un condottierisme gigantesque hors du cratère fumant de cette Révolution, qui avait embrasé l'Europe entière. Le sang des aïeux trouvait après trois siècles un sol favorable, et il prouvait sa force en faisant surgir un conquérant auprès de qui un Sforza n'était plus qu'un pygmée! Mais il n'y a là qu'une différence de degré et de proportions : la nature est la même. Par sa formation, par sa conduite, par ses sentiments et par son caractère, Napoléon ressemble à ces condottieri de la Renaissance : seuls les temps ont changé et les dimensions sont devenues colossales. De toute évidence il porte l'empreinte de ces aventuriers du XVme siècle que le monde s'était habitué à ne plus considérer que comme un phénomène du passé. Comme eux pense, juge et agit Napoléon. Il n'a qu'un but : se créer une puissance illimitée en bouleversant toutes les institutions qui y font obstacle et en assujettissant tous ceux qui refuseront de se courber. L'arène qui s'ouvre à son ambition est immense: c'est le monde civilisé tout entier !

Mais ce n'était pas là tout ce que ses ancêtres avaient légué à Napoléon : il avait encore un autre don, que nous ne pouvons négliger, si nous voulons connaître le fonds de sa nature. Le dernier ancêtre direct de Napoléon, qui ait suivi la carrière des armes, fut un certain Francesco Buonaparte. En 1512 il fut envoyé en Corse en qualité de chef des mercenaires au service de la république de Gênes. Il mourut à Ajaccio en 1567 après avoir acquis des propriétés dans l'île. C'est là le fondateur de la branche corse des Bonaparte, qui deux siècles plus tard devait produire Napoléon. Dans les huit générations intermédiaires, on ne trouve pas un seul homme de guerre, mais bien des avocats et des hommes d'affaires. Ceux-ci remplissent des fonctions dans l'administration communale et acquièrent bienêtre et considération. A leur illustre petit-fils, ils lèguent une série de qualités qui apparaissent clairement dans l'âme de Napoléon. La rhétorique de ses lettres, ses préférences pour les travaux de jurisprudence, — préférences auxquelles le Code Napoléon doit son origine et son élaboration, — le ton déclamatoire pompeux et hyperbolique de ses Bulletins ainsi que des traités et concordats rédigés ou inspirés par lui, tous ces traits révèlent incontestablement le sang d'avocat qui coule dans ses veines.

A l'égard de ses aieux, Napoléon s'est montré aussi indifférent qu'à l'égard de son île natale. Et d'ailleurs le jour où, en 1805, lors de son couronnement à Milan et devant un arbre généalogique de sa famille que lui présentaient des courtisans, il s'écria fièrement : « Je suis à moi-même mon propre ancêtre ! », ce jour-là il était dans le vrai. Des hauteurs vertigineuses où il avait pu atteindre sur les ruines de la légitimité, il pouvait bien se moquer de savoir qu'il était de race noble et considérée ! Il savait fort bien que, pour les familles souveraines légitimes, il ne serait jamais qu'un parvenu ! Il est vrai pourtant que, cinq ans plus tard, devenu le gendre de l'empereur d'Autriche, il se laissa glisser à cette illusion fatale que par la puissance on peut suppléer à l'inégalité de la naissance.

Quoi qu'il en soit, si c'est à juste titre que Napoléon se refusait à se réclamer de ses ancêtres, l'historien ne saurait le suivre dans cette voie. Son devoir, en effet, est de rechercher les origines profondes de son développement, d'amener au grand jour les traits essentiels de sa psychologie qui feront comprendre son âme, et de fouiller enfin le sol d'où, consciemment ou inconsciemment, il tira les forces de son esprit. Cette étude peut avoir d'excellents résultats, à condition de ne jamais sortir du domaine du connaissable.

Or ce n'est pas en sortir que de rechercher tous ces dons, qui constituent l'hérédité d'un homme, et, sur ce point, le génie est soumis aux mêmes lois que les simples mortels.

Mais il n'y aurait au contraire aucune utilité à rechercher les nombreuses manifestations de dons tout personnels qui sont précisément le privilège du génie et par qui il s'élève très au-dessus des autres vivants. Là les sources sont dérobées à nos regards et nous manquons de bases. Les dons individuels sont un libre présent de la puissance divine, et aucune force ne peut les borner aux limites de la sagacité humaine. Devant eux l'observateur cesse de rechercher pour commencer à admirer ou à s'effrayer ; et suivant que les effets de ce génie lui semblent heureux ou néfastes pour le salut de l'humanité, il parle dès lors de dons divins ou diaboliques. Mais là se pose de nouveau la question : Qui peut se croire de taille à résoudre un pareil problème ? Les grands enchaînements et les buts extrêmes de l'évolution des faits demeurent cachés au regard borné d'un homme éphémère. Seule la mûre expérience des siècles projettera sa lumière bienfaisante sur ces nébuleuses que nous apercevons à peine. Défendons-nous donc d'aborder un terrain réservé à la science de l'avenir ; chaque pas que nous y ferions prématurément nous exposerait à tomber dans l'erreur. Toute conclusion se transformerait en sophisme, et toute opinion, qui nous paraîtrait vraisemblable, risquerait d'être traitée d'illusion inconcevable par les générations futures.

Chapitre VI

Aussi loin que l'on remonte dans les annales du genre humain, on ne rencontre aucun homme dont le génie ait égalé ou surpassé celui de Napoléon. Lui-même, il le sait et il le dit : « Je ne suis pas comme les autres hommes ; je suis moi-même ! Seule ma volonté règle ma conduite ; la morale et le droit sont pour moi des mots sans signification!» C'est par ce langage qu'il nous dévoile son être intime. Dès le début de sa carrière il le parle ; seul l'auditoire changera. Ce sont d'abord ses compagnons d'armes, ses camarades ; puis ce sont les membres de sa famille, les officiers, les généraux, les chefs du gouvernement ; puis enfin ce sont les princes, les rois et l'Empereur lui-même, sur tous les trônes de l'Europe !

Chez lui se rencontrent au même degré la conscience de ce qu'il peut faire et la volonté de manifester sa puissance. Mais si son éducation a trempé cette volonté, son instruction est demeurée insuffisante. Il ne doit rien à l'école, tout à son génie. Sans s'être arrêté aux échelons intermédiaires de la hiérarchie militaire, il est nommé d'emblée général en chef d'une armée qui manque de tout. Pas de base d'opérations, pas d'organisation ! Ni armement, ni munitions, ni vêtements, ni solde, ni discipline !

Il paraît et tout change. D'un regard il fait rentrer dans leur devoir les généraux indociles ; d'un mot il fait taire les murmures des soldats affamés ; d'un geste de son épée, il lance l'armée sur un ennemi supérieur en forces.

Le plan du génial capitaine est un chef-d'œuvre non seulement au point de vue militaire, mais encore au point de vue politique. Le front ennemi est percé en son milieu ; les Piémontais sont séparés des Autrichiens, et après une série de succès invraisemblables, la paix de Campo-Formio couronne la campagne en donnant à la France le Nord de l'Italie ! Les généraux les plus expérimentés ont été battus par un adversaire de 27 ans ! Le génie a triomphé de la méthode.

Mais aussi le génie a bien reconnu le prix de la méthode, et désormais il procèdera lui-même méthodiquement, dès que la nécessité s'en fera sentir et qu'il en aura les moyens. Or l'avenir va le combler, car le monde est en fermentation. L'univers est pareil à un immense champ-clos où se jouent les couronnes et les royaumes. L'autel de la Révolution chancelle ; l'humanité, lasse des terreurs de l'anarchie, appelle un sauveur qui domptera les puissances infernales. C'est l'aurore du Consulat et du nouveau siècle. Heure grave entre toutes. L'homme du Destin est apparu ! Maître de la France, il regarde plus haut encore : pourquoi ne réussirait-il pas à rétablir l'empire de Charlemagne ?

Arrêtons-nous et considérons cet homme au milieu de ses succès. Une ambition inassouvie le dévore. C'est cet instant de la vie de Napoléon qu'un artiste a saisi et immortalisé dans une statue qui se dresse sur la place des Palmes, à Ajaccio. Napoléon, consul, est vêtu de la toge romaine ; d'une main, il tient une couronne de laurier, et de l'autre, un gouvernail appuyé sur un globe terrestre. Ainsi, de sa demeure natale, il embrasse du regard cet univers qu'il verra un jour à ses pieds, et il plonge dans ce siècle nouveau dont l'aurore lui appartiendra. Quand l'auteur s'arrêta devant ce monument, il se prit à réfléchir à ce qu'eût été l'Histoire si Napoléon s'était contenté de la puissance qu'il avait alors. C'est à meilleur droit, semble-t-il, que nous nous poserons cette question, si nous rencontrons l'Empereur à Finckenstein, dans cette phase que nous avons déjà signalée comme l'heure décisive du grand drame.

Une comparaison toute proche nous fournit la réponse. Se fixer à soi-même des bornes raisonnables, se contenter des succès qui sont à notre portée, ce sont là deux qualités, que notre grand roi[1] possédait au plus haut point, et qui sont incompatibles avec ce génie diabolique par lequel se distingue Napoléon. Le besoin de s'étendre et de faire sentir sans cesse son autorité souveraine, le désir toujours plus impérieux d'atteindre à la monarchie universelle, tout, jusqu'aux qualités essentielles de son caractère, devait l'entraîner irrésistiblement. L'en blâmer, ce serait ne pas comprendre sa nature ; ce serait ôter à ce brillant phénomène les raisons mêmes de son apparition au firmament de l'Histoire ; ce serait enfin ne pas voir que l'impulsion toute puissante, qui força ce surhomme à gravir l'échelle colossale de la puissance universelle, lui défendait en même temps de s'arrêter aux échelons inférieurs.

Les plans gigantesques de Napoléon n'ont jamais été connus dans toute leur étendue. Seuls, quelques mots, qui lui échappèrent accidentellement, nous permettent de les deviner. Il faut remarquer, et cela est une preuve significative de la précocité du sentiment de sa propre valeur chez Napoléon, que, dès les premières années de sa vie,

---

1. Frédéric II. (Note du traducteur).

il eut la conviction d'être un homme destiné aux plus grandes choses, un élu de la Providence. Lorsque son père, Charles Bonaparte, mourut à Montpellier en 1785, sa mère, encore jeune avec ses 35 ans, venait de donner le jour à son dernier fils, Jérôme. La famille était alors dans une situation très précaire. L'archi-diacre Lucien Bonaparte et l'abbé Fesch, cousin de Mme Lœtitia, prirent soin de leurs parents et s'occupèrent de faire élever les nombreux enfants.

Or Napoléon n'a encore que 16 ans ; il est à l'école militaire de Paris. Quoi qu'il en soit, c'est lui qui dès ce moment se considère comme le chef de la famille, et tous, depuis son frère aîné Joseph jusqu'à son oncle et à son grand-oncle, le reconnaissent tacitement comme tel ! L'archi-diacre lui prédit sa grandeur future, et cela d'une façon vraiment corse, invoquant la supériorité du jeune Napoléon dans l'art du mensonge. En Corse, en effet, ce talent est tenu pour très louable, tant qu'il est couronné de succès, et quel homme précisément fut plus heureux que Napoléon ?

« Croyez-vous, dit-il à Miot de Mélito, après les préliminaires de Léoben, croyez-vous que ce soit pour faire la grandeur des avocats du Directoire, des Carnot, des Barras, que je triomphe en Italie ? Quelle idée ! Une république de trente millions d'hommes ! Avec nos mœurs, nos vices ! Où en est la possibilité ? C'est une chimère dont les Français sont engoués, mais qui passera avec tant d'autres. Il leur faut de la gloire, les satisfactions de la vanité ; mais la liberté, ils n'y entendent rien. Voyez l'armée : les succès que nous venons de remporter, nos triomphes ont déjà rendu le soldat français à son véritable caractère. Je suis tout pour lui ! Que le Directoire s'avise de m'ôter le commandement, et il verra s'il est le maître !

Il faut à la nation un chef, un chef illustre par la gloire, et non pas des théories de gouvernement, des phrases, des discours d'idéologue, auxquels les Français n'entendent rien ; etc. ». On le voit : le César est prêt, et, dès que l'heure semblera favorable, il franchira le Rubicon à la tête de ses légions. Mais cette heure-là n'a pas encore sonné.

D'un coup d'œil il juge la situation, et sa décision est prise. La France doit mesurer le vide de son absence. De là, l'aventure d'Egypte. Après la conquête du Caire, l'invasion en Syrie, le siège de Saint-Jean d'Acre ! Déjà ses desseins abordent le domaine du fantastique. Il conquerra l'Orient ; déployant l'étendard du Prophète, il se mettra à la tête de 100.000 musulmans pour chasser les Anglais des Indes ; il règnera sur un demi-milliard d'esclaves sans volonté. Voilà une tâche à sa taille ! L'Europe est trop étroite, trop insignifiante, trop civilisée pour ce rêve de domination !

Mais Saint-Jean d'Acre résiste ; on doit lever le siège et battre en retraite vers l'Egypte. C'est alors que de nouveau Napoléon dirige ses regards vers cette terre nourricière de sa grandeur, vers cette France qu'il avait oubliée. De là le coup d'Etat, le Consulat, l'Empire.

Le lendemain de son couronnement, l'Empereur, raconte Marmont, fit à l'amiral Decrès, ministre de la Marine, cet aveu qui surprit ce chaud partisan du nouvel ordre de choses: « Je suis venu trop tard ; il n'y a rien à faire de grand ; ma carrière est belle, j'en conviens : j'ai fait un beau chemin. Mais quelle différence avec l'antiquité ! Voyez Alexandre : après avoir conquis l'Asie et s'être annoncé au peuple comme fils de Jupiter, à l'exception d'Olympias, qui savait à quoi s'en tenir, à l'exception d'Aristote et quelques pédants d'Athènes, tout l'Orient le crut. Eh bien, moi, si je me déclarais aujourd'hui le fils du Père Eternel et que j'annonçasse que je veux lui rendre grâces à ce titre, il n'y a pas de poissarde qui ne me sifflât sur mon passage. Les peuples sont trop éclairés aujourd'hui, il n'y a plus rien à faire ! »

On remarque la portée d'un tel aveu dans un pareil moment. A peine le maître de l'Occident s'est-il paré du diadème de Charlemagne, que déjà il rêve à d'autres destinées, plus hautes encore. Et on comprend maintenant pourquoi ce même pape qui est venu à Paris sacrer l'Imperator et rappeler ainsi, à mille ans de distance, au souvenir de l'humanité, la cérémonie dont Saint-Pierre de Rome fut jadis le théâtre dans la nuit de Noël de l'an 800, pourquoi ce même pape sera conduit prisonnier à Savone quelques années plus tard. Il s'est refusé à se ravaler au rang d'un simple primat de l'Empire. Or Napoléon ne souffre aucun rival : il veut dominer seul le monde. Quiconque ne se contente pas du rôle de sujet est aussitôt considéré comme rebelle et traité comme tel. Rois, princes, peuples, conciles, tous, jusqu'au chef de la chrétienté catholique, doivent apprendre à obéir ou se résigner à perdre leurs couronnes, leurs diadèmes, leurs biens, leurs droits et leurs dignités. Prétention colossale et exorbitante qui nous reporte à un passé lointain et nous apparaît comme un anachronisme incompréhensible alors qu'elle n'est pourtant qu'à cent ans de nous !

De quels moyens disposait donc cet homme puissant pour enchaîner la moitié de notre continent et menacer l'autre ? Quels étaient les instruments dont il pouvait se servir ? Dans quel sol sa supériorité avait-elle ses racines ? Devons-nous les chercher et les trouver dans la politique, la guerre, ou dans l'organisation des Etats ? dans le domaine spirituel ou dans le domaine matériel ? Et, allant plus loin, nous rechercherons les joints de ce colossal édifice, et nous nous demanderons où pouvaient se produire ces fissures, de jour en jour plus profondes, que le grand architecte ne regardait que de loin et méprisait, en dissimulant à lui-même et aux autres l'existence, alors qu'elles devaient pourtant conduire avec un enchaînement implacable au formidable écroulement ?

Pour nous permettre d'approfondir et de résoudre ce problème si important, la phase de Finckenstein est incomparablement favorable et comme temps et comme lieu. Là nous allons observer les actes de l'Empereur et nous essaierons de pénétrer et de comprendre ses desseins, ses mesures d'organisation, sa correspondance, ses ordres, en un mot tout ce qui absorba son immense activité. C'est de là aussi que nous verrons apparaître à l'horizon les premiers nuages qui peu à peu iront en obscurcissant le ciel et jetteront leur ombre sur la route du vainqueur du monde. C'est là enfin que nous assisterons au spectacle de ce grand homme de guerre voyant pour la première fois ses géniales combinaisons rendues vaines par des forces auxquelles il ne s'est encore jamais heurté et sous lesquelles, cinq ans plus tard, il succombera.

Chapitre VII

Comme on sait, Napoléon a résidé à Finckenstein du 1ᵉʳ avril au 6 juin 1807. D'après les observations météorologiques de l'époque, le printemps de 1807 a été d'une douceur exceptionnelle. Mais nous connaissons aussi les surprises que réserve dans ces régions le climat du Nord. Alors que déjà depuis quelques semaines, le soleil a fait sa bienfaisante apparition, et que, témérairement les fleurs et les arbustes ont commencé à pousser, tout à coup surviennent des bourrasques de neige, qui couvrent la campagne d'un blanc linceul. À peine née la splendeur du printemps se transforme en un triste paysage d'hiver. Aussi, lorsque tout près du château, Napoléon visitera les baraquements de sa Garde, ces méridionaux frileux et délicats regarderont-ils anxieusement le maître. Dans leurs yeux se lira ce reproche muet que quelques-uns, plus familiers, iront jusqu'à exprimer à haute voix : « Pendant combien de temps encore et jusqu'où veux-tu nous conduire dans ce pays inhospitalier et brumeux, où vivent des hommes si étranges, si taciturnes et si insondables, à qui l'on ne peut se fier ? »

Avec quelle impatience le puissant maître de l'Occident doit avoir attendu lui-même l'arrivée d'une saison meilleure, qui lui ouvrirait la perspective d'une reprise des hostilités en lui permettant de nourrir son armée et, avant tout, ses chevaux. Nous savons que ses adversaires prirent les devants. Par une offensive imprévue ils réveillèrent le lion au repos ; et pendant tout un jour, un corps français n'échappa à une ruine totale que grâce à l'irrésolution et à l'incapacité des généraux russes. C'est alors que Napoléon quitte son quartier général de Finckenstein pour se mettre à la tête de son armée en voie de rassemblement. Il la conduira à la brillante victoire de Friedland. Mais en même temps sa silhouette disparaît à nos yeux : jusque-là observons-le.

Quelle était alors la situation militaire de l'Empereur ? c'est là dessus que tout reposait. Cette situation était celle que lui avait faite l'issue indécise de la bataille d'Eylau. Reportons-nous donc sur ce sanglant champ de bataille, au soir du 8 février. Nous pourrons apprécier ainsi les mesures et les décisions prises par Napoléon après cette lutte terrible et incertaine pour assurer l'existence de son armée et réparer un instrument devenu hors de service.

Pour estimer à leur juste valeur ces actes grandioses, il faut auparavant faire table rase de quelques erreurs qui ont eu cours jusqu'à présent, non pas seulement dans les milieux profanes, mais même auprès d'écrivains militaires. Elles reposent sur des suppositions tout à fait inexactes et sur des hypothèses injustifiées. Le mérite d'avoir dénoncé et réfuté ces erreurs revient au colonel von Lettow-Vorbeck, mort si jeune malheureusement, et c'est ni plus ni moins que Clausewitz lui-même qui en fut le spirituel auteur. Plus tard beaucoup l'ont suivi, entre autres Bernhardi, et, tout récemment, le professeur Hans Delbrück. Leurs idées n'ont jusqu'ici rencontré aucun contradicteur, parce que pour la grande majorité des gens, Clausewitz était et est encore une autorité sacrée.

Dans son livre de la Guerre (VIII. 3) il écrit :
« Par la Révolution française, la guerre était redevenue la chose des peuples, cessant d'être comme jusqu'alors la chose des souverains ; et cette fois-ci, on avait affaire à un peuple de trente millions d'hommes. Les moyens devenaient illimités. Si toutefois la Révolution toute entière s'écoula avant que ce fait nouveau ne se fût révélé dans toute sa force, la faute en fut à des défectuosités techniques. Dans la main de Napoléon cette puissance militaire, appuyée sur toutes les forces de la nation, parcourut l'Europe en la couvrant de ruines...... »

De même Bernhardi dans son livre sur Frédéric le Grand : « Napoléon pouvait prétendre à tout et faire la guerre avec une énergie inouïe, parce qu'il tenait de la Révolution française le droit de disposer, avec un arbitraire absolument illimité, du sang, de la fortune et de toutes les forces vives de la France...... »

Enfin le professeur Delbrück déclare que la conscription mettait à la disposition de Napoléon des masses innombrables et toujours renouvelées, et que « le plus souvent les armées napoléoniennes furent plus fortes que celles de Frédéric ».

De son côté, le colonel von Lettow prouve d'une façon convaincante qu'en présence des documents dont on dispose aujourd'hui, ces assertions sont de tous points insoutenables et en contracdiction directe avec les faits. Sans doute jusqu'à la chute de Robespierre, la Révolution avait appelé sous les drapeaux des centaines de mille hommes avec tout l'arbitraire et toute l'irréflexion possibles. Pour cette période, le bien-fondé des idées reproduites ci-dessus est donc incontestable. Mais déjà sous le Directoire la situation se régularisa. On se vit forcé de tenir compte de l'aversion de la population pour la conscription et de promulguer en conséquence la loi du 6 septembre 1798, qui y apportait des adoucissements notables et limitait considérablement l'arbitraire jusqu'alors en honneur. Dès le coup d'Etat du 18 Brumaire, on procéda encore différemment. Le Consulat s'efforçait de gagner au nouveau régime les classes possédantes : aussi se laissa-t-il aller à des concessions surprenantes, instituant le remplacement et se contentant d'un contingent annuel de 30.000 recrues. C'était là un tribut incroyablement faible pour la France d'alors, et Napoléon, devenu empereur, ne l'a pas augmenté jusqu'au début de la campagne de 1806-1807, alors que pourtant la population de l'empire prodigieusement agrandie se fût élevée à environ 45 millions d'habitants. On voit donc que Napoléon a été très loin de mettre la main sur toutes les forces de la nation, et que, jusqu'en 1806, il n'a usé en aucune manière de son prétendu droit de disposer de la France entière.

Les conséquences de cette manière d'agir apparaissent clairement. Le maintien d'un contingent aussi faible réduisait d'une façon vraiment inconcevable non seulement l'effectif des classes encore sous les drapeaux, mais encore et surtout celui des classes instruites et passées dans la réserve. Les motifs de ce maintien ne sont pas difficiles à découvrir : nous les trouvons dans le développement même du nouveau régime. Napoléon, parvenu et usurpateur, était forcé de prendre des précautions, qui, pour avoir gêné sans doute considérablement sa nature despotique, n'en témoignent pas moins de sa perspicacité politique. Il avait parfaitement reconnu qu'une application inconsidérée de la conscription aurait tôt ou tard menacé sa position. Aussi avait-il décidé de faire peser une partie de l'impôt du sang sur les territoires non français de l'Empire, sur les pays soi-disant alliés, c'est-à-dire sur l'Italie, la Hollande, la Confédération du Rhin, Naples et même l'Espagne. Nous comprenons maintenant pourquoi des 200.000 hommes avec lesquels Napoléon ouvrit la campagne d'hiver de 1806, 160.000 seulement étaient Français ; et encore parmi eux comptait-on une très forte proportion de recrues de l'avant-dernière levée, instruites à la hâte et très imparfaitement. On est obligé de reconnaître que ces forces étaient tout à fait insuffisantes, si l'on considère la complexité des tâches auxquelles elles étaient appelées, l'étendue du théâtre de la guerre, la longueur des lignes d'étapes, la difficulté et l'insécurité des communications. On verra plus loin à quel effectif cette armée se trouva réduite après la bataille d'Eylau.

Comparons maintenant la force de l'armée d'opérations au début de la campagne, en novembre 1806, avec celle de l'armée prussienne en 1756; nous voyons que celle-ci n'a été inférieure que de 40.000 hommes, alors qu'à cette époque la Prusse comptait à peine cinq millions d'habitants. Il en résulte donc que l'armée de Napoléon ne représente pas même 1/2 % de la population, tandis que celle de Frédéric dépasse 3 %. Aussi les assertions que nous avons citées au sujet de la tension inconsidérée des forces nationales par Napoléon et du faible effectif des armées de Frédéric II sont-elles absolument gratuites, tout au moins pour l'époque qui nous occupe et pour toute la période précédente depuis l'établissement du Consulat. C'est plutôt le contraire qui serait vrai.

Il en va de même de cette autre affirmation de Clausewitz que, grâce à ces masses qui, comme nous venons de le montrer, n'ont jamais existé dans sa main, Napoléon fut en état de poser et d'appliquer des principes tout nouveaux de la guerre, et qu'il fut le premier qui montra que l'anéantissement de l'adversaire doit être le but suprême d'un chef d'armée. Cette assertion doit aussi être combattue. Elle attribue à un seul et même individu ce qui a été l'effet des grandes forces élémentaires, qui, déjà avant l'apparition de Napoléon, avaient profondément modifié les idées et les méthodes de la guerre. La Révolution légua en effet à l'Empereur l'armée nationale, le combat de l'infanterie en ordre dispersé, le système des réquisitions, la mobilité des grandes masses, l'indépendance des armées vis-à-vis du pays traversé, l'émancipation de la guerre de positions et de sièges. Le mérite personnel de Napoléon réside dans l'emploi génial de ces nouveaux moyens de guerre en vue d'arriver rapidement à une solution décisive. Il coordonna dans une doctrine ces éléments flottants et hétérogènes, et c'est ainsi qu'il devint le créateur de la guerre moderne.

La campagne d'hiver de 1806-1807 a précisément prouvé que Napoléon, forcé par les circonstances à revenir tout à fait aux anciennes méthodes, se révéla comme un maître dans cette situation toute nouvelle pour lui, et ne convenant en rien à sa nature. Rarement un chef d'armée se trouva dans une situation aussi difficile que Napoléon après l'énorme succès d'Iéna et d'Auerstedt. La double victoire tactique du 14 octobre, couronnant la marche génialement réglée de l'armée française, avait bien mis en pièces l'armée ennemie, mais les débris de cette armée avaient été dispersés dans des directions opposées. S'il voulait poursuivre, le vainqueur devait donc, lui aussi, faire exécuter aux corps des mouvements divergents. Il était ainsi conduit à faire prisonnières les fractions de l'armée prussienne qui existaient encore et à s'emparer au passage des places fortes isolées. Mais en même temps le général en chef devait confier la conduite des opérations aux maréchaux abandonnés à eux-mêmes et attendre, avant de rien tenter, la réunion de ses corps d'armée dispersés et parvenus jusque sur le Bas-Oder et jusqu'aux rivages de la Baltique. L'armée prussienne était anéantie, mais il fallait partir à la recherche d'un nouvel adversaire, et le vaincre. Sans doute, un an auparavant, à Austerlitz, Napoléon a battu cet adversaire, mais il a appris du même coup à apprécier sa force de résistance et son opiniâtreté. Puis l'éloignement, le climat, la saison, le manque d'abris et de subsistances sont pour l'ennemi de terribles alliés !

De suite Napoléon comprend que dans ces régions les nouvelles méthodes de guerre ne sont pas applicables ; nous le voyons donc revenir aussitôt à l'ancien système. Après le succès douteux de Pultusk il considère la campagne comme terminée (ce qui se trouva être une erreur) ; il ordonne de prendre les quartiers d'hiver. Il crée des magasins ; il fait réparer les chemins et les passages, rétablir les ponts sur la Vistule ; il fait remettre en état les effets, les chaussures, l'armement et les équipages. Il donne l'ordre d'assiéger les places fortes et de lever des contributions. Enfin, il prescrit d'incorporer dans l'armée d'opérations des formations provisoires, composées de recrues appartenant au contingent levé par anticipation et instruites précipitamment. Ce maître de la guerre moderne, lui qui brusque toujours le dénouement, est devenu un guerrier méthodique du XVIII° siècle ; et il l'est devenu parce qu'il fallait qu'il le devint, encore que par sa nature il fut complètement opposé à cette façon de faire la guerre.

Nous aurons l'occasion de dépeindre d'après d'innombrables témoignages cette activité réorganisatrice à laquelle rien n'échappait. Mais auparavant considérons le maître des batailles se heurtant dans les plaines glacées de Preussich-Eylau aux Russes, qui ont arrêté leur retraite dans une position préparée d'avance. Il veut en finir ; mais au moment critique, cette décision qu'il recherche, il l'évite, car il prévoit une catastrophe. Heure historique ! Aux yeux de l'observateur attentif, la bataille d'Eylau est un grand avertissement. C'est le premier que le Destin tout puissant fait entendre sur la route du prodigieux Titan. Saura-t-il lire dans ces traits de feu ? Va-t-il s'arrêter et mettre un terme à cette course fatale ? Ou bien poussera-t-il toujours de l'avant, lassant la patience de la Providence ?

La postérité connaît la suite des événements. Elle sait que, cinq mois après Eylau, la paix de Tilsitt était signée. Par elle, Napoléon atteignait l'apogée de sa puissance et devenait le maître de l'Occident. Mais elle sait aussi que, de suite après cet immense succès, il s'engageait dans la voie fatale qui devait le conduire à sa chute. La catastrophe se préparait par l'entrée des troupes françaises en Espagne et par le brutal attentat de Bayonne.

Les contemporains ignoraient tout cela. Anxieux, ils attendaient dans de sombres pressentiments la décision de l'Imperator après ce premier grand échec subi sur le champ de bataille sanglant d'Eylau.

La conduite de Napoléon avant, pendant et après cette bataille meurtrière, a été jugée par diverses autorités. Or la situation militaire créée par cette rencontre ayant entraîné une cessation des opérations qui dura près de quatre mois, et l'Empereur des Français ayant passé la plus grande partie de cette suspension d'armes à Finckenstein, nous avons le droit et le devoir d'examiner attentivement la stratégie et la tactique du grand maître de la guerre pendant les premiers mois de 1807. Par cette étude, nous verrons que les mesures de l'Empereur, critiquées en apparence à bon droit, trouvent leur justification dans l'état de contrainte où se trouvait Napoléon par suite de considérations d'ordres politique, climatérique et même alimentaire. Nous verrons que c'est bien le même maître génial qui manœuvre sur l'échiquier. Mais cet échiquier lui-même n'est plus en état de servir : les pions collent à leur place ; immobiles, ils ne peuvent ni combattre, ni même avancer. Il faut interrompre le jeu.

Napoléon ordonna de reprendre les quartiers d'hiver dans la région comprise entre le Frischer Haff, la Vistule et le Bug. Si l'on regarde la carte, on voit que l'étendue du pays occupé, quatre cents kilomètres de longueur sur quatre-vingts à cent de profondeur, était injustifiable au point de vue militaire pour une armée forte d'environ 120.000 hommes. C'était offrir, en effet, à un ennemi énergique la chance de tomber avec toutes ses forces réunies sur des corps isolés et de les écraser avant qu'ils aient pu être secourus. Il faut convenir aussi et sans restriction, que les liaisons avec l'arrière paraissaient très sérieusement menacées. Les quartiers d'hiver étaient séparés de l'arrière par la puissante barrière de la Vistule ; or, c'était là un obstacle dont il ne fallait pas dédaigner l'importance, surtout par cette température exceptionnellement douce qui ne permettait de franchir le fleuve que sur les ponts. Encore ceux-ci, peu nombreux, étaient-ils constamment menacés par la débâcle ! En outre, derrière les cantonnements de l'aile gauche, deux places fortes, Graudenz et Danzig, résistaient encore ; les corps du centre, Ney et Soult, n'étaient couverts par aucun obstacle sur leur front ; et enfin, les corps de l'aile droite, Davout, Augereau, Lannes et la Garde, se trouvaient à Pultusk et à Varsovie, si éloignés des autres corps qu'une concentration de l'armée sur une des ailes exigeait un délai de 10 à 12 jours. On le vit bien par les événements militaires qui survinrent entre le 27 janvier et le 8 février. Le bon choix même de Varsovie comme quartier général, à l'extrême-droite de la zône occupée par l'armée, paraît défectueux au point de vue militaire. Comment penser que Napoléon ait ignoré les inconvénients que présentaient le maintien de l'armée sur la rive droite de la Vistule et l'extension démesurée des cantonnements ?

Le grand capitaine a parfaitement vu le danger de sa situation militaire et il l'a vu dans toute son étendue. Mais le chef d'armée était en même temps empereur. C'était un parvenu et un usurpateur. Aussi lui était-il impossible de repasser la Vistule, d'abandonner Varsovie et de se désintéresser du relèvement de la Pologne. Bien au contraire, il était obligé de s'entêter et de braver tout ce que les circonstances avaient de défavorable. Militairement parlant, il est hors de doute qu'il ait mal opéré en acceptant une situation si dangereuse pour l'existence de l'armée qu'elle aurait pu vraiment conduire à une catastrophe. Napoléon risquait ou bien de voir son armée ruinée par le manque d'abris et de subsistances, s'il la maintenait rassemblée sur un étroit espace, ou bien d'exposer les corps d'armée à être surpris et anéantis isolément par un ennemi entreprenant, s'il les répartissait dans des cantonnements disséminés, où ils pourraient se nourrir et se rétablir. Placé dans cette alternative, il s'est décidé pour la seconde solution. Le cours des événements lui a donné raison. Il n'en est pas moins vrai que dans les premières semaines de février tout était en jeu, et si, dans les neiges d'Eylau, Napoléon a évité un désastre, ce ne fut que grâce à l'irrésolution et à l'incapacité tant physique qu'intellectuelle du généralissime russe.

Ce ne fut que le 27 janvier, à Varsovie, que l'Empereur apprit de source certaine l'offensive de toute l'armée ennemie sur la basse Vistule et l'extrême danger couru par les corps de Ney et de Bernadotte, placés à l'extrême-gauche. Aussitôt il donna les ordres pour l'abandon des quartiers d'hiver et la concentration de l'armée. Le dernier paragraphe de l'ordre concernant le maréchal Ney, qui était le plus exposé, est significatif : « L'Empereur veut reprendre les quartiers d'hiver après avoir anéanti l'ennemi ». En fait ce fut Ney qui faillit être écrasé. Mais ni Bennigsen, ni le général prussien von L'Estocq, ne surent profiter de l'occasion si favorable qui leur était offerte d'attaquer vigoureusement les corps isolés de l'aile gauche française, de les rejeter sur la Vistule et de les anéantir.

Par un de ces hasards que la fortune capricieuse laisse choir tantôt dans un plateau de la balance et tantôt dans l'autre, l'ordre de l'Empereur au maréchal Bernadotte, daté de Willenberg, le 31 janvier, était tombé dans les mains des cosaques. Il contenait le dispositif de marche de l'armée et des instructions pour le maréchal, qui devait se rapprocher de l'aile gauche sans pour cela exposer son corps d'armée par une résistance inopportune. L'intention de l'Empereur, d'après l'ordre, était de tourner l'aile gauche de l'armée russe, de rejeter par une offensive énergique l'ennemi vers le Haff et de le couper complètement de Kœnigsberg et de ses communications avec l'Est. Dès que cette importante nouvelle fut parvenue au quartier-général russe, le général Bennigsen décida sur-le-champ d'arrêter son offensive et de ramener l'armée sous Kœnigsberg. La certitude de se trouver désormais face à face avec l'Empereur si redouté en personne et la crainte de voir ses communications coupées, paralysaient l'énergie de ce général et le remplissaient d'illusions dont une froide réflexion eut fait raison.

L'empereur Napoléon se trouvait en effet à ce moment-là dans une situation tout aussi dangereuse. Il n'avait pas réussi à rassembler son armée ; les maréchaux avaient pris des dispositions qui ne cadraient pas avec ses projets ; des retards s'étaient produits dans la transmission des ordres. Le maréchal Bernadotte qui, comme on l'a vu, n'avait pas reçu les nouvelles instructions du général en chef, avait continué son mouvement de retraite dans une direction excentrique. Il se trouvait alors à Strasburg, à très grande distance de l'armée principale, qui, à marches forcées, cherchait à atteindre les alliés dans leur mouvement de retraite. Le 7 février, les avant-gardes françaises se heurtèrent à une résistance près de la petite ville de Preussisch-Eylau : c'était Bennigsen qui avait pris une bonne position à l'Est de la ville, et s'était enfin décidé à y accepter une bataille pour couvrir Kœnigsberg pendant qu'on en retirait les approvisionnements, qui y étaient accumulés.

Le résultat des combats livrés le 7 février, dans l'après-midi, fut que, par suite de malentendus dans le commandement, les Russes durent évacuer la ville. Les Français l'occupèrent et Napoléon y arriva lui-même dans la soirée. C'est de la colline du Moulin, située au Sud-Est d'Eylau, que le lendemain il dirigea la bataille. Nous basant sur des témoignages irrécusables et connus depuis peu, essayons de nous faire une idée de l'activité du grand maître des batailles. Examinons pour cela les dispositions qu'il prit, en faisant entrer en ligne de compte l'effectif des troupes dont il disposait, la force de l'armée ennemie et la position qu'elle occupait, les desseins qu'on peut raisonnablement prêter au généralissime russe, et même les circonstances atmosphériques.

Le 8 février au matin, déduction faite des pertes subies depuis la fin de janvier ainsi que de l'inévitable déchet provenant d'une marche de huit jours consécutifs et sans repos, l'effectif des troupes françaises disponibles peut être évalué tout au plus à 60.000 combattants (1), dont 13.000 cavaliers. Déduction faite des mêmes déchets, la force de l'armée russe, y compris le corps de l'Estocq, qui arriva dans l'après-midi, était au moins de 80.000 hommes. Et cette armée avait pris 24 heures de repos et occupait une position assez forte.

En dépit de ce concours de circonstances défavorables, Napoléon décide d'attaquer immédiatement. Pas de reconnaissance préalable ; pas de préparation par l'artillerie, ce qui paraîtra absurde à tout militaire. Mais il règne une telle obscurité, il y a de telles bourrasques de neige, que le Maître expérimenté prévoit que cette préparation sera inefficace.

1. Cf. Thiers. 54.000 hommes contre 72.000 Russes et 10.000 Prussiens. (Note du traducteur).

Le corps d'Augereau, chargé de l'attaque, perd sa direction dans l'obscurité. Il est mitraillé à bout portant par les batteries russes habilement placées. L'infanterie russe s'élance à la baïonnette et rejette les débris du corps français dans la vallée du Pasmarbach. A 10 heures du matin, le corps d'Augereau est anéanti. Il disparaît des contrôles de la Grande Armée. Ce qui en reste servira après la bataille à compléter d'autres corps. Le maréchal et ses deux divisionnaires sont blessés ; le premier quitte l'armée.

Cependant pour sauver les bataillons qui refluent en arrière, Napoléon fait donner toute sa réserve de cavalerie. A la tête de 7.000 cavaliers, à travers les plaines couvertes de neige et les étangs glacés, Murat s'élance contre la gauche de la position russe. Des bataillons isolés sont dispersés, et, héroïquement, les braves escadrons pénètrent dans les intervalles des colonnes d'infanterie. C'est à l'intérieur de la position russe une horrible mêlée. Les cent escadrons de la réserve de cavalerie russe accourent et parviennent enfin à avoir le dessus. Les Français doivent reculer ; des milliers de cavaliers et de chevaux jonchent la plaine de neige, rouge de sang.

C'est à ce moment décisif qu'apparaissent à l'aile droite des Français les divisions Morand, Friand et Gudin, sous la conduite de leur chef expérimenté, le maréchal Davout. La division Gudin, unie à la division St-Hilaire déjà envoyée par Napoléon, enlève le village de Serpallen ; les divisions Morand et Friand chassent les Russes de Klein-Sausgarten. Quarante pièces, déployées par Davout sur le Kregeberg, crachent mort et ruine dans les flancs et dans le dos de la position russe. La route de Friedland est franchie ; l'ouvrage avancé d'Auklappen et, plus au Nord, le gros village de Kutschitten sont enlevés. La bataille semble gagnée pour Napoléon ; Bennigsen ordonne la retraite de l'armée par la route de Kœnigsberg.

Dans cet instant critique, le généralissime russe apprend l'arrivée du petit corps prussien d'Althof. Pour se mettre personnellement en liaison avec le général L'Estocq, il abandonne son emplacement de commandant en chef, et, pendant plusieurs heures, l'armée demeure sans direction. Cependant les troupes prussiennes, apparues au bon moment et au bon endroit, rétablissent la bataille par leur bravoure. Kutschitten est repris ; de brillantes charges de cavalerie dispersent quelques bataillons français. La division Morand est anéantie ; Davout recule sur le Kregeberg. Il est 3 heures de l'après-midi. Le généralissime russe est introuvable !

Mais du côté français la direction semble également faire défaut. Immobile, la Garde se tient au pied de la hauteur du Moulin que l'Empereur n'a pas quittée un seul instant.

A 5 heures, on annonce l'arrivée de l'avant-garde du maréchal Ney. Après un vif engagement avec les bataillons laissés par l'Estocq dans Althof, elle s'empare de ce village, et s'avance sur la route de Kœnigsberg. Le village de Schloditten, au sud de la route, est enlevé par les Français ; mais, au Nord, les Prussiens se maintiennent dans Schmoditten. Du corps de Ney, seule une faible brigade est engagée : le gros est encore très en arrière. Cependant le bruit de la fusillade du côté de la route de Kœnigsberg ébranle les nerfs du généralissime russe, enfin revenu sur l'eau. Il décide de se dérober à l'enveloppement dont il est menacé et ordonne la retraite de l'armée. Protégé par l'obscurité, le départ des

Russes passe inaperçu, et ce n'est que le 9 février, au matin, que la cavalerie française explorant avec précaution le sanglant champ de bataille, constate qu'il est vide d'ennemis. Dès lors Napoléon peut donc, avec quelque apparence de bon droit, s'attribuer la victoire et dicter ce 58e Bulletin si attaqué, où il accuse une perte totale de 7.600 hommes, alors qu'en réalité il a perdu environ quatre fois plus de monde, près de 30.000 hommes, c'est-à-dire 44 % des combattants ayant pris part à la bataille.

Telle fut à grands traits cette lutte sanglante d'Eylau. Est-ce vraiment là le génie des batailles, vainqueur à Austerlitz, et à Iéna, cet homme debout là-haut sur la colline du Moulin ? Est-ce vraiment la Grande Armée si redoutée, ces 60.000 hommes que l'on a conduits dans ces plaines couvertes de neige, le long de la chaussée de Bartenstein, pour décider de l'issue de la campagne ? Est-ce dans de telles circonstances et un pareil jour que le Maître peut exiger ce dénouement tant désiré ? Et s'il crut pouvoir le faire, comment les dispositions qu'il prit et l'emploi qu'il fit des armes et des réserves tiendront-ils devant une critique impartiale ?

Tout doux ! Le Maître a seulement prouvé qu'il connait son métier ! Pouvons-nous admettre en effet que sans motifs importants il soit sorti de son rôle ? Mais quelles furent alors les raisons de cette altération apparente de la pensée du Tacticien si expérimenté ? Elles sont vraiment bien compréhensibles.

Huit semaines durant et sans trêve ni repos, Napoléon avait poussé en avant une armée rassemblée à grand'peine. Il veut un dénouement parce qu'il en a besoin. Il lui faut un succès éblouissant pour rétablir son prestige et en imposer aux alliés qui le suivent à contre-cœur, à la France mécontente qui murmure, au monde enfin qui commence à douter, à chanceler et menace de faire défection. Or voici qu'il tient enfin son adversaire ; celui-ci paraît disposé à accepter la bataille. C'est par une courte journée d'hiver. Le dénouement nécessaire et ardemment souhaité est là, à portée de sa main : il n'a qu'à s'en saisir !

Devait-il donc perdre des heures précieuses à attendre l'arrivée des corps de flanc, demeurés en arrière ? Devait-il, par une marche de flanc, tenter d'envelopper l'aile ennemie ? En un mot, devait-il manœuvrer et, par là, risquer probablement de manquer l'occasion du succès ? Les événements ont prouvé que l'arrivée d'une seule et faible brigade du corps de Ney sembla si menaçante au généralissime russe qu'il en abandonna la partie presque gagnée et ordonna la retraite de l'armée, malgré les réclamations de ses subordonnés mécontents. Comment les choses se seraient-elles passées si l'on avait continué la bataille le lendemain ? On ne peut pas discuter là-dessus. Mais nous croyons pouvoir prétendre que la bataille du 8 février n'aurait pas eu lieu, si Napoléon avait retardé l'attaque et perdu la matinée à attendre et à manœuvrer. C'est pour ainsi dire en sacrifiant le corps d'Augereau qu'il a forcé son adversaire indécis à accepter la lutte. Certes l'Empereur n'eut pas l'intention de livrer à la destruction un gros tiers des troupes dont il disposait. Mais il n'en porte pas moins la responsabilité de la catastrophe quel qu'ait été le texte même de l'ordre au maréchal. Lorsqu'il envoya ces vingt bataillons dans l'obscurité, à travers des tourbillons de neige, vers un ennemi invisible dont il avait éprouvé déjà la redoutable opiniâtreté dans la défensive, vers ces batteries dont il ignorait et le nombre et la position, il ne pouvait pas douter, lui, le tacticien si expérimenté, qu'il livrait ces troupes au Destin. 5.200 hommes, presque la moitié de l'effectif du corps, restèrent sur le champ de bataille ; les survivants n'étaient plus en état de porter les armes ! Et pour avoir mal joué cette première carte, Napoléon perd la direction du jeu. Il est obligé d'engager intempestivement sa réserve de cavalerie. Tous les incidents de la bataille, l'attaque de Davout, l'apparition de la brigade de Ney, tout cela s'accomplit sans qu'on y puisse discerner l'action du général en chef. On se demande pourquoi Napoléon n'engage ni le corps presque intact de Soult, ni sa garde, qui n'ont pas tiré un coup de feu. Une vigoureuse offensive dirigée le long de la route de Kœnigsberg, contre l'aile droite des Russes, aurait amené, semble-t-il, un rapide dénouement !

On a l'impression que Napoléon n'a pas osé jouer les deux dernières cartes qui lui restaient dans la main, et cette timidité est compréhensible. Un échec, toujours possible, aurait en effet causé non seulement la perte de la bataille, mais encore celle de toute la rive droite de la Vistule et la ruine de son prestige. Il se contenta donc d'un succès douteux pour ne pas jouer son va-tout, et c'est en cela que consiste l'immense importance de la bataille d'Eylau.

L'homme que nous verrons à l'œuvre huit semaines plus tard à Finckenstein, n'est plus le glorieux vainqueur d'Austerlitz et d'Iéna. Il a besoin d'un nouveau succès, absolu et immense, et pour se l'assurer, il doit déployer une activité organisatrice sans égale. Il lui faut attirer des alliés, et c'est sur les rives du Bosphore et de la Caspienne qu'il va les chercher et les appeler à l'aide.

Nous allons étudier maintenant cette activité et nous essaierons d'en bien comprendre toute l'étendue.

Chapitre VIII

Laissant de côté les deux mois de février et de mars, transportons-nous au 1ᵉʳ avril. Dans la soirée Napoléon, venant d'Osterode, arrive au château de Finckenstein où, pendant les dix semaines qui vont suivre, sera établi son quartier-général. Quelle était à ce moment-là sa situation militaire ?

Instruit par les cruelles expériences des mois précédents, Napoléon avait considérablement réduit la zone des cantonnements de l'armée. Pour maintenir une garnison dans Varsovie, il dut diviser ses troupes.

Le gros, composé de cinq corps d'armée et de la réserve de cavalerie, occupa l'espace compris entre le Frischer Haff et la région de Neidenburg ; en arrière il s'étendait jusqu'à la Nogat et la Vistule. Le front était couvert par la Passarge depuis son embouchure jusqu'à Elditten, puis, entre Gutstadt et Neidenburg, par le cours supérieur de l'Alle et par les lacs situés près de sa source. A l'extrême gauche, entre l'embouchure de la Passarge et la tête de pont de Spanden se trouvait le Iᵉʳ corps d'armée avec Bernadotte ; le quartier-général était à Preussisch-Holland ou plutôt à Schlobitten. A sa droite, Soult avec le IVᵉ corps occupait la région comprise entre Elditten et Deppen, avec quartier-général à Mohrungen. Juste derrière ces deux corps d'armée, le quartier-général de l'Empereur était installé à Finckenstein sous la protection de quelques bataillons de fusiliers de la Garde. A droite de Soult était le reste de la Garde impériale avec les grenadiers d'Oudinot qui avait pour quartier général Osterode où l'Empereur avait résidé jusqu'au 1er avril. En avant de cette zone, le VIe corps, Ney, était détaché sur la rive droite de la Passarge, entre ce fleuve et l'Alle : il occupait la région Elditten-Gutstadt-Allenstein. A l'aile droite du gros de l'armée, Davout s'était établi avec le IIIe corps sur le front Allenstein-Neidenburg. Quant à la cavalerie elle était, soit cantonnée avec les corps d'armée, soit disséminée en arrière du front.

Séparé du gros, le Ve corps sous les ordres de Lannes, puis de Savary, occupait Varsovie et les environs ; son avant-garde était sur le Bug.

Un simple regard sur la carte montre combien le corps de Ney était exposé. Vers le Nord, entre Elditten et Gutstadt, ses cantonnements ne s'appuyaient à rien, ce qui favorisait singulièrement une attaque ennemie. Comme on le verra, c'est précisément là que recommenceront les hostilités, et ce corps d'armée se trouvera dans une situation très dangereuse.

La longueur totale du front depuis l'embouchure de la Passarge jusqu'à Neidenburg, en passant par Elditten et Gutstadt, était d'environ 170 kilomètres pour une profondeur moyenne de 100 kilomètres. Or des cinq corps d'armée du gros, deux, les IIIe et IVe (Davout et Soult) avaient subi d'énormes pertes à la bataille d'Eylau ; on y avait bien remédié jusqu'à un certain point en leur partageant les débris du VIIe corps, le corps dissous d'Augereau. On n'en est pas moins autorisé à évaluer tout au plus à 65.000 fusils et à 15.000 cavaliers l'ensemble des forces de ces cinq corps d'armée, le 27 février, le jour où ils reprirent leurs quartiers d'hiver. En comptant le corps détaché à Varsovie on atteint le chiffre maximum de 80,000 fusils.

Aussi comprenons-nous l'Empereur, quand le 8 mars il écrit à Daru : « On doit prévoir le cas où je serai forcé de reporter mon armée sur la rive gauche de la Vistule ! »

Cette crainte n'était pourtant pas motivée par le faible effectif de ses troupes, mais bien plutôt par la difficulté toujours croissante qu'il y avait à nourrir même ces quelques hommes. Dès le commencement de la campagne l'armée française courut plusieurs fois le danger de périr faute de subsistances. Aussi Napoléon comprit-il de suite que ce n'était qu'en revenant au système démodé des magasins qu'il pourrait faire vivre son armée, et sur-le-champ, avec une rapidité étonnante, il fit établir des magasins et réunir des approvisionnements de toutes sortes. L'armée manquait en effet de tout ce qui lui était indispensable pour être en état de faire campagne : vivres pour les hommes et pour les chevaux, vêtements, chaussures, et même armes et munitions ! Et pour lui amener tout cela, il fallait organiser un parc d'équipages, rétablir les communications, remettre en état les chemins, les passages fluviaux et particulièrement les ponts très menacés de la Vistule ! Travail gigantesque pour le chef de l'armée, car ce fut l'Empereur qui à lui seul créa et fit fonctionner cette machine colossale. L'étude de sa correspondance nous le prouve et force notre admiration.

Comme il est différent alors du jeune général qui, onze ans auparavant, montrait les campagnes fertiles de l'Italie septentrionale à ses soldats transis et affamés en leur disant : « Soldats, vous êtes mal nourris et presque nus. Le gouvernement vous doit beaucoup, mais ne peut rien pour vous. Votre patience, votre courage vous honorent, mais ne vous procurent ni avantages, ni gloire. Je vais vous conduire dans les plus fertiles plaines du monde ; vous y trouverez de grandes villes, de riches provinces ; vous y trouverez honneur, gloire et richesse ! Soldats d'Italie, manqueriez-vous de courage ? ». C'est ainsi que le général Bonaparte inaugurait la campagne glorieuse de 1796. Depuis ce jour, général, consul, Imperator, il avait remporté un nombre infini de succès et s'était couvert d'une gloire immense. Héroïquement ses soldats l'avaient suivi ; ils étaient entrés en triomphe dans toutes les capitales ennemies et avaient supporté fatigues, souffrances, sacrifices et privations. Mais, depuis Pultusk et Eylau, l'instrument donnait ouvertement des signes de mauvaise humeur. L'indiscipline, le maraudage, les désordres de toutes sortes faisaient des progrès effrayants ; le malheureux pays souffrait indiciblement des excès de la soldatesque !

Napoléon vit le danger et prit aussitôt des mesures énergiques pour rétablir la discipline. Les maréchaux reçurent des instructions pour faire juger et fusiller maraudeurs et pillards. A l'égard de la population ordre fut donné d'intervenir avec la plus grande sévérité au moindre indice d'un soulèvement ; mais on doit se garder de ruiner les habitants sans motif « car, écrit l'Empereur, nous ne pouvons pas espérer faire vivre l'armée dans un pays dont nous aurons fait nous-même un désert ! » Les commandants des places de la Vistule eurent ordre d'arrêter, de « former » et de faire reconduire sous bonne escorte à leurs corps tous les maraudeurs qui se présenteraient.

Par cette esquisse, on voit ce qui se passait en arrière de la « Grande Armée ». Elle est faite d'après des rapports qu'on a sous les yeux, et pour tout militaire qui eut la chance de faire la guerre, ce ne sont là que choses bien connues et très compréhensibles.

Le premier soin de Napoléon devait donc être de réorganiser son armée, non pas seulement en complétant ses effectifs, mais encore en lui rendant son aptitude militaire momentanément menacée. Or en dépit de tous ses efforts il n'a pas réussi à créer une armée comparable à celle qui avait frappé les grands coups d'Austerlitz et d'Iéna. D'Eylau date le déclin, et quand bien même avec cet instrument médiocre Napoléon remportera encore de grands succès, notre opinion ne changera pas. Mais cette discussion sort du cadre que nous nous sommes tracés.

Un fait certain, c'est que, dès ce moment, on voit Napoléon s'efforcer de dissimuler cet état de choses aux autres comme à lui-même. Il exagère les succès et nie les échecs devenant pourtant de plus en plus fréquents. Ce 58e Bulletin, si décrié, qu'il date d'Eylau, ouvre la série de ces productions de mauvais aloi. Ce penchant au mensonge va si loin qu'il apparait même dans les relations entre l'Empereur et ses maréchaux. On prend les désirs pour des réalités et c'est sous cette forme qu'on les exprime. Ainsi, dans certaines batailles, il est arrivé à Napoléon de dire à ses subordonnés qu'une localité était au pouvoir des Français alors que, en réalité, l'ennemi l'occupait encore. Au moment même où il songe à repasser sur la rive gauche de la Vistule, il fait écrire par Berthier à Talleyrand, qui est à Varsovie: « Quand vous recevrez cette lettre, l'Empereur sera probablement en possession de Kœnigsberg et de toute la ligne du Niémen ; les Russes sont complètement vaincus et battent en retraite vers leurs frontières ! »

C'est l'avocat optimiste qui gâche le métier du chef d'armée ! jeu dangereux qui sous peu ouvrira les yeux au monde entier sur le véritable état des choses ! Talleyrand qui, comme on le sait, ignorait tout en matière militaire, mais était un appréciateur hors ligne des facteurs de la puissance, a fait payer à son maître sa mystification. Dès cet instant, il prend ses dispositions pour abandonner le navire ; il noue en secret des relations avec le quartier-général russe et il commence ce jeu d'intrigues diaboliques, dont les détails ne sont bien connus que depuis peu de temps. La Destinée file les premiers brins ténus de ce réseau dans lequel elle va prendre le favori du Bonheur pour ne plus le rendre à la liberté. C'est en vain qu'il s'efforcera de déchirer les mailles que tisse une Parque implacable. C'est en vain qu'après Eylau viendra Friedland, après Baylen, Somossiera, après Aspern, Wagram ! Le réseau croît et croît encore jusqu'à ce qu'enfin les fils couvrent le continent européen tout entier depuis Torrès-Vedras jusqu'à Moscou et à la Bérésina.

C'est là un spectacle extraordinaire pour le penseur qui, cent ans après, suit la trame de ce tissu fatal. Aussi étions-nous bien en droit de dire plus haut que la phase de Finckenstein est l'heure décisive de cette grande tragédie où la Fatalité joue le premier rôle. C'est à ce titre que son étude est extrêmement importante. Il suffira de deux ans pour que la conviction de l'imminence de la catastrophe inévitable ait pris racine dans l'entourage le plus immédiat de l'Imperator. A l'automne de 1809, le duc de Raguse, qui venait de gagner son bâton de maréchal au combat de Znaym, était rentré à Paris après la fin de la guerre contre l'Autriche. Or, dans ses fameux Mémoires il raconte un entretien remarquable qu'il eut avec son ami, le ministre de la marine Decrès, partisan éprouvé de l'Empereur, dont il était depuis de longues années le collaborateur. Encore tout plein des grandes choses auxquelles il vient d'assister, Marmont fait un tableau enthousiaste de la bataille de Wagram, de la défaite complète des Autrichiens dans les plaines du Marchfeld, du combat victorieux de Znaym et de la glorieuse issue de la campagne. Decrès écoute tout cela sans un mot d'approbation ni d'assentiment. Stupéfait par une telle attitude, Marmont demande ce que signifie ce silence? Et voici la réponse surprenante qu'il reçoit du Ministre et qu'il note le jour même : « Mais vous ne comprenez donc pas, mon cher ami, que cet homme est fou, complètement fou, et que tout cela finira avec une formidable catastrophe qui nous écrasera tous! Je vous le prédis! » Sans doute Marmont se sera-t-il souvenu de ces paroles, trois ans plus tard, lorsqu'il rencontra Napoléon après la défaite de Moscou! Lui-même, grièvement blessé à la bataille des Arapiles, tenant en écharpe son bras droit fracassé, il devait entendre l'Empereur l'accueillir par ces mots : « Il faut vous faire couper le bras; vous tenez donc bien à cette loque! », ce à quoi le maréchal répondit : « Je l'ai payé assez cher par mes souffrances, pour tenir aujourd'hui à le conserver! »

Ce curieux entretien eut lieu le 12 décembre 1812. Quinze mois plus tard, ce même Marmont signait la capitulation de Paris! L'heure de l'écroulement avait sonné; au bout de cinq ans les événements confirmaient mot pour mot la prédiction de Decrès.

Préoccupé par la question de l'approvisionnement de son armée, l'Empereur l'était également par la nécessité d'augmenter son effectif. C'était là le problème de beaucoup le plus important, qui se posait à lui au printemps de 1807. Il le résolut en incorporant des recrues et en appelant les contingents des régions éloignées de son vaste empire. L'examen des mesures qu'il dut prendre, nous donnera un aperçu surprenant sur la détresse de sa situation.

Le 19 mars, il décrète d'Osterode la levée de 80.000 hommes de la classe de 1808. Légalement cette classe ne devait être appelée qu'au mois de septembre de la même année; on anticipait d'un an et demi. Ainsi, pour la seconde fois, au lieu des 30.000 recrues qu'il demandait auparavant, Napoléon en exige 80.000, alors que pourtant il eut été plus compréhensible qu'il rappelât les hommes des conscriptions antérieures qui n'avaient pas été convoqués. Mais l'Empereur recule devant cette exigence si naturelle, nous semble-t-il. C'est qu'il connaît l'aversion des Français pour le service militaire ; il sait que s'il appelle ces conscriptions antérieures, il déchaînera un torrent d'indignation. Et il ordonne d'accélérer les opérations du recrutement pour que la première instruction des jeunes soldats puisse commencer dans les dépôts vers le milieu de mai.

Les lettres adressées de Finckenstein au général Lacuée en avril 1807 montrent quelle opposition ces demandes modérées de Napoléon rencontrèrent dans la population. Sur les 160.000 hommes des deux classes de 1807 et de 1808, près de 40.000 surent se dérober au service. Quant à la répugnance qu'avait Napoléon d'accroître le mécontentement de ses sujets en puisant dans les classes antérieures, elle ressort assez clairement d'une lettre à l'archi-chancelier Cambacérès, datée de Finckenstein, le 26 avril 1807 : « .....Je vous envoie une lettre de Lacuée. Cette lettre m'a effrayé ; j'espère que vous aurez passé outre et qu'on n'aura pas écouté ses remontrances. Le mal qui en résulterait est incalculable. Où serait la sécurité des citoyens si, sans un danger imminent, on revenait sur la conscription ? Mais l'année prochaine ? L'année prochaine la paix sera faite, et, si elle ne l'est pas, la conscription de 1808 recrutera mes armées ; et celle de 1809 recrutera mes réserves. Des jeunes gens de dix-huit ans sont très propres à défendre l'intérieur. S'il arrivait de grands revers, et que la patrie fût en danger, on sortirait des règles ordinaires, et il vaudrait mieux alors rappeler les conscriptions passées..... Bon Dieu ! il faut voir les événements pour apprécier les hommes. Qui aurait pu croire Lacuée capable d'une pareille balourdise. Rien que l'opinion que j'éprouverais en France la moindre contrariété, ferait déclarer plusieurs puissances contre nous. — Napoléon. »

Le voilà donc cet homme qui, d'après Clausewitz, dispose arbitrairement de toutes les forces de la France ! C'est lui que nous voyons reculer, malgré la gravité des circonstances, devant une mesure qui nous paraîtrait aujourd'hui bien compréhensible ! Et l'on doit reconnaître que, là encore, des considérations d'ordre politique et personnel influent sur la guerre et la dominent.

Six mois après, il est vrai, la situation s'est modifiée d'une façon néfaste. Pour la seule péninsule ibérique il faut à Napoléon une armée de 200.000 hommes ! A partir de 1812, rien ne l'arrête plus ! Les levées annuelles atteignent 200.000 hommes, et chaque fois on anticipe d'un ou deux ans. L'impôt du sang devient écrasant ; la France est mûre pour la défection et Napoléon se voit forcé d'abdiquer.

Si donc il craint de s'aventurer sur cette pente, c'est qu'il a une intelligence exacte et une parfaite connaissance de l'âme française. Il sait en outre se dominer, — et c'est vainement qu'après Tilsitt nous chercherons en lui cette qualité.

Pour compléter son armée, si effroyablement réduite, comme on l'a vu, l'Empereur ne disposait au printemps 1807 que de la classe de 1807, levée par anticipation, c'est-à-dire d'à peine 60.000 recrues superficiellement instruites. Des 80.000 appelées, en effet, au moins 20.000 avaient déserté. On avait groupé ces 60.000 recrues en régiments provisoires, primitivement destinés à servir de troupes d'étapes. L'Empereur avait parfaitement reconnu, en effet, la nécessité de protéger ses lignes de communication qui, du Rhin à la Vistule, couraient à travers l'Allemagne peu sûre : aussi avait-il ordonné la formation de trois corps de réserve. Nous verrons que ces corps avaient des tâches très diverses. Toutefois, dans les circonstances actuelles, il fallait avant tout compléter l'armée d'opérations : l'Empereur donna l'ordre d'amener presque tous les régiments provisoires et de les incorporer dans les troupes de première ligne.

A notre grand étonnement, nous lisons dans la volumineuse correspondance de Napoléon, qu'en arrivant sur la Vistule, un grand nombre de ces bataillons de recrues n'étaient qu'insuffisamment armés, qu'une partie d'entre eux n'avaient ni uniformes, ni chaussures, et qu'enfin tout dans leur instruction militaire laissait beaucoup à désirer.

Là encore, c'est l'Empereur qui intervient ; c'est lui qui ordonne tout, qui remédie à tout, qui prévoit tout et met tout en mouvement. Sur ce terrain son activité personnelle est aussi étonnante et admirable que couronnée de succès. Au 1er juin 1807 les revues d'effectif de la Grande Armée donnent le chiffre de 210.000 combattants, en y comprenant les deux corps de réserve récemment formés sous les ordres de Lannes et de Mortier. C'est donc plus du double de ce qu'était l'armée, le 23 février, lors de son installation dans ses quartiers d'hiver. Le résultat est éblouissant : mais il cache une illusion fatale, qui se révèlera dès que, dans les premiers jours de juin, la reprise des hostilités mettra à l'épreuve la solidité de cet instrument. L'insuffisance en apparaîtra notamment, dès le premier essai, à la bataille du 10 juin (Heilsberg). Ce jour-là l'Empereur s'est encore trouvé à deux doigts d'une défaite ; et ce n'est encore que grâce à l'incompréhensible retraite de Bennigsen qu'il a pu se dire victorieux. Toutefois il a dû reconnaître qu'il ne commandait plus la même armée qu'à Austerlitz ou à Iéna, et que désormais son génie devrait compenser la médiocrité de l'instrument.

C'est tout particulièrement la cavalerie qui ne vaut rien. On ne peut s'en étonner, si l'on considère les pertes énormes en chevaux qu'avait coûtées la campagne d'hiver en Pologne et en Prusse. On avait bien incorporé un grand nombre de chevaux prussiens ; mais, après un court délai de trois mois, ils laissaient naturellement beaucoup à désirer au point de vue de leur emploi à la guerre. Depuis Eylau, la cavalerie russe, et surtout la cavalerie prussienne étaient incontestablement supérieures à la cavalerie française.

Par contre, l'artillerie française paraît être au-dessus de tout éloge. La victoire décisive de Friedland a été due avant tout aux remarquables dispositions du général Sénarmont. Avec les batteries qu'il conduisit tout près des bataillons russes immobiles, il a véritablement foudroyé ces masses pesantes.

Quant à l'infanterie, elle a beaucoup perdu en agilité et en aptitude à la marche. Mais là encore il n'y a rien d'étonnant, pour qui considère que plus de la moitié de l'effectif ne comprenait que des recrues tout à fait inexpérimentées qui n'étaient même pas encore bien familiarisées avec le maniement de leur fusil !

En présence de cet état de choses dont l'authenticité ne peut plus être mise en doute aujourd'hui, nous sentons croître notre admiration pour ce maître de la guerre. Il triomphe de toutes les difficultés. Sans quitter son quartier-général, il domine de son regard d'aigle tout l'immense théâtre de la guerre. Il semble être partout présent, parce qu'il voit un avantage à ce qu'il en soit ainsi. Il assiège et conquiert des places fortes qu'il n'a jamais vues de ses yeux et dont cependant il juge avec une certitude absolue la force de résistance et les points faibles. A ses maréchaux, il donne des instructions pour la protection de leurs cantonnements qu'il ne connaît que pour avoir examiné la carte. Il dirige en personne et jusque dans les détails les plus infimes toute l'énorme machine de l'administration, de l'approvisionnement, de l'entretien et de l'instruction de l'armée ; bien plus, il l'améliore, la maintient en mouvement et lui fait rendre son maximum !

Si l'on jette un coup d'œil sur l'étendue de la tâche d'une part, et, d'autre part, sur la faiblesse des ressources militaires disponibles, on doit conclure de cette situation, que le succès final ne pouvait être assuré que par un emploi constamment opportun et constamment judicieux de ces ressources. Seul un génie particulièrement doué comme celui de Napoléon pouvait se maintenir jusqu'au bout à hauteur de cette tâche surhumaine !

Le problème le plus important, et aussi le plus difficile à résoudre était incontestablement d'assurer la sécurité des communications avec l'arrière. Pour cela, il fallait absolument conquérir

Danzig[1] et investir Graudenz. Dès le 17 février, une semaine après la bataille d'Eylau, Napoléon donne les ordres pour la formation d'un corps de siège pour Danzig, sous les ordres du maréchal Lefebvre. Le 12 mars, l'Empereur écrit au maréchal : « Je vois avec plaisir que vous avez investi Danzig, c'est déjà là une première opération ; vous en avez encore trois autres à faire : 1° jeter un pont sur la Vistule pour atteindre jusqu'à la mer ; j'ai ordonné dans ce but que l'équipage de ponts vous rejoigne. Comme la Vistule n'a en cet endroit qu'une largeur inférieure à 200 mètres, c'est assez pour jeter un ou même deux ponts. La deuxième opération est d'isoler la forteresse et de couper toute communication de la ville avec la mer. En troisième lieu vous devez maintenir votre liaison avec Stettin afin que l'équipage de siège puisse arriver. » L'Empereur ajoute, qu'aussitôt après la prise de la Nehrung, il serait nécessaire d'élever des retranchements avec des palissades, afin d'empêcher l'ennemi de revenir, que c'est là le but primordial du siège, etc...

Si l'on considère que l'exécution ponctuelle de ces premières instructions eut précisément pour effet de faire échouer toutes les tentatives des alliés pour débloquer la ville, et qu'en outre la prise et la fortification du Holm, survenues sur l'ordre direct de Napoléon, paralysèrent toutes les sorties des assiégés ; si enfin, on convient que l'entêtement du maréchal à conquérir le Hagelsberg ne fut dû qu'à l'action directe de Napoléon, on reconnaîtra que ce n'est pas Lefebvre, mais bien Napoléon qui a conquis Danzig !

Le 18 mai, six jours avant la capitulation, l'Empereur écrit au maréchal : « J'ai vu avec la

1. Orthographe allemande.

plus grande surprise votre lettre, je vous croyais plus de caractère et d'opinion ; est-ce à la fin d'un siège qu'il faut se laisser persuader par des intrigants qu'il faut changer le système d'attaque ? ainsi décourager l'armée et faire tort à son propre jugement ?... Vous êtes sur le point de prendre le Hagelsberg. Chassez de chez vous à coups de pied au cul tous ces petits critiqueurs. Attaquez le Hagelsberg ; maître du Hagelsberg, vous l'êtes de la place, d'abord parce que vous le serez du Bischofsberg, etc... Prenez le Hagelsberg et vous verrez avec quelle rapidité la place tombera. Danzig a toujours été pris par le Hagelsberg. Faites jeter des sacs à terre et des tonneaux pleins de terre dans le fossé, et, sous la protection de cette levée, faites briser les palissades et donner l'assaut. Ne prenez conseil que de Chasseloup et de La Riboisière, et moquez-vous du reste ! » On croit entendre la voix de Soliman devant Szigeth ! Et l'Empereur termine en disant : « Ne doutez jamais de l'estime que je vous porte ? »

L'Empereur se réserve de disposer lui-même des différents corps d'observation, de Lannes, d'Oudinot, de Mortier, qu'il tient prêts à couvrir le siège. Il prend ses dispositions avec tant de précision que, en cas de besoin, ces troupes sont toujours en position là où il le faut et quand il le faut. La tentative de déblocus du général Kamenskoï et d'une flotille anglaise échoue lamentablement et coûte fort cher aux alliés. Le 24 mai, Danzig capitule, Lefebvre est fait duc et reçoit une superbe dotation, connue sous le sobriquet de « chocolat de Danzig ».

Graudenz demeure investi et ne capitule pas. Le corps d'investissement se compose de Hessois de la Hesse-Darmstadt, car on réclame tous les contingents de la Confédération du Rhin. La

Hollande joint ses régiments au corps d'observation de Brune à Hambourg. Les divisions Boudet et Molitor marchent d'Italie vers Stettin ; et il n'est pas jusqu'à la lointaine Espagne qui n'envoie des troupes auxiliaires, dont on exagéra d'ailleurs ostensiblement le nombre et dont on annonça l'arrivée à Berlin, alors qu'elles avaient à peine atteint Mayence ! Il s'agit de tenir en obéissance le monde ébloui et trompé ! L'ombre d'un doute peut tout renverser. Et le monde s'en laisse imposer. De nouveau la foi dans la toute puissance du vainqueur commence à prendre racine ! Il faut encore un grand succès final. Et ce succès ne tardera pas à venir. Son nom sera Friedland. A coups de trompettes il apprendra à l'univers que l'étoile du Corse brille toujours au fond du firmament.

Mais dans quelle détresse nous apparaît le vainqueur de l'Europe, lorsque nous voyons une poignée de Suédois, débarqués le 1er avril à Stralsund, sous les ordres du général Essen, rompre le blocus de la ville, marcher sur Stettin, et réussir par là à mettre dans l'embarras le Maître de l'Occident ! Nulle part on n'a sous la main une force suffisante pour parer à cet incident. Berlin et Stettin ne sont occupés que par des régiments provisoires, inutilisables semble-t-il, en rase campagne ! Aussi Clarke, gouverneur de Berlin, reçoit-il l'ordre de faire filer sur Küstrin les fonds et les objets de valeur ! Lui-même, le cas échéant, devra se mettre en sûreté soit dans cette place, soit dans Stettin. Ce n'est que le 16 avril, que le maréchal Mortier arrête cette diversion suédoise. Il attaque vigoureusement le général Armfeld, et le refoule sur Anklam où Essen le recueille. Les deux généraux reculent ensuite sur Greifswald, et, le 18 avril, un armistice est signé, qui met fin provisoirement aux hostilités. Le 72ᵉ Bulletin de la Grande Armée daté de Finckenstein, le 23 avril, raconte en détail l'épisode suédois, loue la conduite du maréchal Mortier et ratifie l'armistice.

Telle était donc la situation de Napoléon pendant son séjour à Finckenstein. Au cours de mai, elle commence à s'améliorer, et, au début de juin, lors de la reprise des hostilités par les Alliés, l'armée, encore que diminuée en qualité comme nous l'avons montré, sera au grand complet et prête à faire campagne. Comme instrument de victoire, comme fondement de la puissance d'un souverain militaire, cette armée est sans exemple dans l'histoire de tous les temps et de tous les pays. Ses conditions d'existence n'ont pas leurs racines dans les instincts du patriotisme ou du sentiment national, ni dans ces viles passions qui ont animé jadis les armées mercenaires.

Non ! cette armée, qui se nommait elle-même avec orgueil « la Grande Armée », était la création de son chef. Elle faisait partie intégrante de lui-même. Elle n'a existé que par lui et qu'aussi longtemps qu'il fut à sa tête. Elle a supporté toutes les catastrophes de ces dix années de guerre ; par centaines de mille, les siens sont morts gaiement sur les champs de bataille de trois parties du monde ! Dix fois elle a été renouvelée, complétée, accrue ou changée, mais son esprit a survécu indestructible. Les vassaux couronnés de l'Imperator, ses frères et ses beaux frères, ses maréchaux gorgés de richesses enfin, pourront faire défection ; l'Europe entière pourra se lever contre son vainqueur ; la France elle-même pourra renoncer à la résistance ; mais l'armée restera inébranlable dans sa fidélité à son chef, et elle ira donner la mesure de son esprit de sacrifice jusque dans les plaines de la Belgique ! Aussi peut-on dire qu'à l'époque de

Napoléon, il y eut quelque chose de plus grand que le génie de l'Empereur, et ce quelque chose, ce fut l'âme de son armée !

Et comment, dira-t-on, Napoléon s'est-il comporté à l'égard de cette armée ? Comment l'a-t-il récompensée de sa fidélité sans pareille ? C'est seulement aujourd'hui que nous sommes en état de répondre à cette question, sur la foi de témoignages irrécusables, et notre réponse sera en contradiction formelle avec les idées, qui furent jusqu'ici en faveur. Cette armée à laquelle il devait sa grandeur, sa puissance, ses couronnes et jusqu'à son existence, cette armée Napoléon l'a traitée d'une façon inouïe. Il l'a négligée ; il a méprisé ses intérêts et abusé de son dévouement. Nous savons aujourd'hui qu'alors que les maréchaux étaient comblés de riches dotations, les hommes ne recevaient aucune solde pendant des mois. La nourriture des soldats était tout à fait insuffisante; les soins aux malades et aux blessés se réduisaient à rien. La Garde elle-même manque souvent des choses les plus indispensables ! L'habillement et l'armement laissaient beaucoup à désirer. Enfin, les malversations dans l'administration de l'armée atteignaient des proportions colossales. Nous savons aussi que tous ces inconvénients n'ont pas échappé à Napoléon ; mais il ne put, ni ne voulut y remédier.

D'abord, à Finckenstein, un projet d'organisation d'un service de santé à la guerre a été présenté à l'Empereur. Le « Journal de Campagne » du baron de Percy, chirurgien en chef de la Grande Armée, en fait mention. Mais cette organisation ne vit le jour que plus tard ; elle n'a d'ailleurs jamais donné de bons résultats, alors qu'en pareille matière, l'armée prussienne était déjà dotée d'excellentes institutions remontant à l'époque du grand Frédéric.

Le livre récemment paru de Jean Morvan, intitulé « Le soldat impérial », donne de surprenants détails sur la triste situation du soldat-français à l'époque de Napoléon.

Enfin des contemporains dignes de foi sont unanimes à attester que l'insensibilité dont Napoléon fit preuve, par exemple, en parcourant le champ de bataille après la victoire, a provoqué l'indignation et une tacite réprobation jusque dans son plus proche entourage. C'était avec une indifférence cynique qu'il considérait les victimes de son ambition et les souffrances indicibles de ces blessés et de ces mourants qui rendaient le dernier soupir en saluant encore le héros idolâtré du cri de « Vive l'Empereur ! » Devant ces ovations saisissantes, aucun muscle de son visage marmoréen ne trahissait la moindre émotion intérieure. Le 9 février 1807, au matin, dans ces champs de neige rougis de sang, devant les 50.000 morts ou blessés des deux armées jonchant la plaine, il n'a qu'un souci en tête : comment pourra-t-il cacher et aussi réparer ces pertes inouïes. L'aspect de l'horrible misère humaine, qui l'entoure de toutes parts, ne peut lui arracher un mot de compassion. Aux quelques médecins qui sont sur les lieux, aux officiers qui reviennent des extrémités du champ de bataille, il ne pose continuellement qu'une question : « A combien estimez-vous mes pertes ? Dans combien de temps la majorité des blessés sera-t-elle de nouveau sur pieds? » Mais les renseignements qu'il reçoit, ne laissent pas d'espoir ! Il est à prévoir que le plus grand nombre des blessés mourra par suite du froid et du manque d'abris, car le personnel sanitaire, qui se trouve sur les lieux, est tout à fait insuffisant, et on n'a pas même assez de voitures pour ne transporter que les plus grièvement blessés, parmi lesquels sont beaucoup de Russes!...

« Qu'on s'occupe donc des Français ! », et, sur ces mots, l'Empereur fait faire demi-tour à son cheval, et rentre silencieux à Eylau ! Tirons le rideau !...

Napoléon traite les hommes en général tout comme il traite sa propre armée. Pour lui ce sont des objets dont le droit à l'existence se mesure à leur degré d'utilité. Dès qu'ils sont à bout de forces, il les rejette ! Passer un an à son service, c'est consumer d'un coup dix ans de vie ? N'importe ! d'autres sont là, prêts à prendre rang parmi les galériens et à fournir l'énorme travail que l'Imperator exige despotiquement.

C'est avec cette même indifférence et ce même cynisme que nous avons déjà dépeints, qu'il considère les victimes de son exploitation, que ce soient de simples individus ou des peuples entiers ! D'un trait de plume, il sape les traditions séculaires, renverse des trônes héréditaires, et fait apparaître parmi les souverains des créatures politiques, qui ne doivent leur élévation qu'à son bon plaisir. C'est par là qu'il a préparé sa chute.

Les peuples ne sont pas, en effet, des agrégats arbitraires d'individus, mais bien des organismes solidement constitués et pourvus d'une force de résistance opiniâtre, qui plonge ses racines à la fois dans la religion, la nationalité, la tradition, et dans des préjugés, des convictions et des coutumes innés et indestructibles. Napoléon, politique brutal et sans patrie, n'a jamais pu saisir l'importance de ces « impondérables ! » Il était, au contraire, convaincu que les frontières, tracées par sa main sur la carte de l'Europe, seraient désormais absolument respectées par les peuples, qu'il y avait enfermés ! Il croyait que les millions d'hommes auxquels son bon plaisir imposait des souverains étrangers, s'empresseraient de leur transporter leurs sentiments d'attachement et de loyalisme. Cette fatale illusion a fini par soulever tous les peuples du continent contre le Titan et elle leur a fait renverser sa tyrannie.

La paix de Tilsitt, conclue exactement un mois après le départ de Napoléon de Finckenstein, servit de base à ces plans, qui embrassaient l'univers entier, et à cet asservissement des peuples et des rois, qui devait infailliblement préparer et qui a en effet amené la chute. Déjà, par la situation de Napoléon à Finckenstein, nous avons pu voir sur quelles bases chancelantes reposait le formidable édifice de son despotisme.

Chapitre IX

On a dit de la guerre qu'elle est une politique faite avec d'autres moyens. Or, personne n'a été un plus grand maître que Napoléon dans l'art de manier les forces sur ce double terrain. Son esprit infatigable remue sans cesse des projets, où guerre et politique s'étayent, se commandent et se complètent mutuellement. Près de 500 lettres ou ordres, tous dictés et signés à Finckenstein, nous permettent d'observer cette concordance et de suivre ce double jeu magistral, que nous allons exposer au lecteur. La moitié de ces 500 écrits concerne les affaires militaires. Sur les 250 autres, une centaine environ appartiennent au domaine purement politique, une centaine sont à moitié politiques et à moitié militaires, quarante contiennent d'importantes instructions sur des questions de religion et d'éducation ; quant au reste, consacré à la correspondance privée, nous nous en occuperons ailleurs.

Dans cette masse énorme de documents il faut faire un choix sévère, comme cela doit être fait déjà pour discuter les écrits militaires. Et lorsqu'il s'agit de la correspondance politique, ce travail devient incomparablement plus difficile parce qu'on ne peut presque plus donner des extraits, sans courir le risque d'altérer le sens général. Aussi nous en remettons-nous au lecteur pour lire lui-même in-extenso dans la Correspondance les écrits que nous allons examiner en n'en donnant qu'un abrégé. Leur contenu est un modèle, et de leur étude on peut retirer autant de profit que d'agrément.

Chronologiquement, c'est à la pièce n° 144 [1] que revient la première place. Encore que datée du 30 mars et d'Osterode, cette lettre, adressée au roi de Hollande, appartient à la phase de Finckenstein. Tout comme la pièce n° 151, datée du 30 avril, elle fut supprimée lors de la publication de la correspondance sous Napoléon III, ce qui n'a rien d'étonnant, si l'on songe que le destinataire n'était autre que le père de Napoléon III et que le ton des lettres était d'une dureté stupéfiante. Par contre, à notre grande surprise, nous trouvons dans la Correspondance sous le n° 12.294, une lettre portant la même adresse qui contient pour le royal frère des vérités fort dures et profondément blessantes. Ces trois pièces forment un tout et méritent d'être étudiées parce qu'elles projettent la plus vive lumière sur la façon, dont l'héritier de la Révolution imposait sa volonté au frère qu'il avait fait roi. Le tout puissant parvenu demeure conscient de son origine, et c'est avec une rudesse foudroyante qu'il parle à ce vassal couronné, qui voudrait se rattacher à l'ancien ordre de choses ! Sur le registre de la colère, ces sons d'orgue devaient être abasourdissants ? écoutons-en quelques-uns.

« J'apprends une nouvelle, à laquelle je refuse d'ajouter foi, tant elle me paraît extraordinaire. On m'assure, que vous avez dans vos Etats, rétabli la noblesse dans ses titres et ses privilèges... Vous renoncez donc au trône de France, car un parjure qui aurait dépouillé la nation de ce que quinze

---

1. Lecestre, Corr.

ans de combats, de sueurs et d'efforts lui ont fait conquérir, serait indigne de s'y asseoir. J'ai le droit de porter mes plaintes particulières ; car, depuis longtemps, vous faites tout au rebours de mes conseils. Au reste, mon ambassadeur a ordre de vous déclarer catégoriquement, que, si vous ne revenez pas sur cette mesure, il a ordre de quitter la Hollande, et je romps avec vous. Vous êtes un frère ingrat... Vous ne serez plus ni citoyen français, ni prince de mon sang. Comment n'êtes-vous pas assez clairvoyant pour voir, que si c'est comme le plus noble que vous êtes sur le trône de Hollande, vous ne seriez que le dernier... Si une noblesse est soutenable dans un pays militaire, elle est insoutenable dans un pays de commerçants. J'estime mieux le dernier boutiquier d'Amsterdam que le premier noble de Hollande... »

La lettre du 4 avril (12.294 Corresp.) est très longue et traite en détail des divers griefs :

« ...Vos querelles avec la Reine (Hortense Beauharnais) percent aussi dans le public. Ayez dans votre intérieur ce caractère paternel et efféminé que vous montrez dans le gouvernement, et ayez dans les affaires ce rigorisme que vous montrez dans votre ménage. Vous traitez une jeune femme comme on mènerait un régiment !... Vous avez la meilleure femme et la plus vertueuse, et vous la rendez malheureuse. Laissez-la danser tant qu'elle veut : c'est de son âge. J'ai une femme de quarante ans (? en vérité, 45 ans !) : du champ de bataille je lui écris d'aller au bal, et vous voulez qu'une femme de vingt ans, qui voit passer sa vie, qui en a toutes les illusions, vive dans un cloître, soit comme une nourrice, toujours à laver son enfant ! — Malheureusement vous avez une femme trop vertueuse : si vous aviez une coquette, elle vous mènerait par le bout du nez. Mais vous avez une femme fière, que la seule idée, que vous puissiez avoir mauvaise opinion d'elle, révolte et afflige. Il vous aurait fallu une femme comme j'en connais à Paris. Elle vous aurait joué sous-jambe, et vous aurait tenu à ses genoux. Ce n'est pas ma faute ; je l'ai souvent dit à votre femme.

« Quant au reste, vous pouvez faire des sottises dans votre royaume, c'est fort bien ; mais je n'entends pas que vous en fassiez chez moi, etc... »

La lettre du 30 avril (151. Lecestre) est encore plus dure : « ...J'apprends que vous faites une loi sur la régence. J'espère que vous voudrez bien me consulter. Vous devez vous souvenir, que je n'ai pas l'habitude d'abandonner mes droits. Vous vous souviendrez sans doute que je suis de la famille... La garantie dont j'ai besoin, je ne puis la trouver dans un enfant de trois ans. (Le petit Charles Napoléon, né le 10 octobre 1802, alors âgé par conséquent de 4 ans 1/2, mourut à la Haye le 5 mai 1807). Laisser la régence aux hommes que vous nommeriez, ce serait la donner au prince d'Orange. Je veux nommer le régent. Je suis fâché que vous ne sentiez pas cela, que vous ne sentiez pas qu'il est ingrat au point de vue moral, et ridicule au point de vue politique, de laisser la Hollande entre les mains de quatre ou cinq ministres, comtes ou marquis, dévoués à la maison d'Orange ou à l'Angleterre... Etes-vous l'allié de la France ou de l'Angleterre. Je l'ignore. »

NAPOLÉON.

Quand on lit toute la correspondance, dont nous venons de donner des extraits, on acquiert malgré soi la conviction qu'une catastrophe est imminente. Chacun des deux frères avait raison à son point de vue ; mais c'est précisément pour cela qu'une rupture complète était inévitable. Or on sait que, deux ans plus tard, Louis en vint à se séparer de sa femme, et que, bientôt après, il déposa la couronne et se retira à l'étranger. La Hollande fut réunie à la France, et, en 1814, ce fut une proie facile pour le corps de Bülow, car depuis longtemps les sympathies des Hollandais allaient aux Alliés.

La phase de Finckenstein a été particulièrement néfaste pour les relations entre les deux frères. Le seul lien qui les unissait encore un peu, fut tragiquement rompu le 5 mai, par la mort du petit Charles Napoléon. L'Empereur avait tendrement aimé à sa manière cet enfant. Il n'en avait pas fallu davantage pour que le monde, toujours soupçonneux, ait voulu lui attribuer une parenté plus rapprochée que celle d'un oncle et d'un père adoptif. Nous savons aujourd'hui l'inanité de ces suppositions ; mais on était alors convaincu de leur bien-fondé. Dans ses Mémoires, Hortense raconte un entretien, qui eut lieu en 1809 entre elle et Napoléon et qui est aussi explicite que possible. Napoléon lui aurait dit : « Vous savez tout ce qu'il y a d'absurde dans une telle supposition ! Eh ! bien, vous n'eussiez pas ôté la pensée à toute l'Europe que cet enfant était de moi ! L'opinion n'en était pas plus mauvaise sur votre compte : vous êtes généralement estimée, mais on l'a cru... Il était peut-être heureux qu'on le crût : aussi ai-je regardé sa mort comme un grand malheur ! » A travers ce récit indubitablement véridique, nous voyons apparaître le fond de la nature de Napoléon. D'ailleurs cette déclaration blessa profondément Hortense, qui continue : « J'étais si saisie, que debout auprès de la cheminée, je ne pouvais articuler un seul mot. Je n'entendais plus ce qu'il disait. Cette réflexion : « Il était peut-être heureux qu'on le crût ! » semblait m'ôter un voile de dessus les yeux ; elle jetait le trouble dans mes idées, mais surtout frappait droit à mon cœur, plus cruellement froissé que tout le reste. Comment ! quand il me traitait comme sa fille, quand il m'était si doux et si simple de retrouver en lui le père que j'avais perdu, tant de soins, tant de préférences données étaient de la politique et non de l'affection ! »

Pauvre Hortense ! Certes nous pouvons bien comprendre et partager sa déception. Elle est dans son droit ; mais Napoléon aussi ! Cet incident met en pleine lumière ce qu'avait de froidement politique le caractère de cet usurpateur couronné, qui ne voyait partout que de la politique. Napoléon sait parfaitement qu'en lui attribuant la paternité de cet enfant, le monde se trompe. Mais il sait aussi que le monde est entêté dans ses convictions. C'est donc sans réserves qu'il accepte la situation ; en vrai politique, il en saisit l'importance. Depuis longtemps il sait que les événements ne sont rien par eux-mêmes et ne valent que par l'idée que les hommes s'en font. Il avait de l'affection pour sa belle-fille ; il l'accablait d'attentions et de preuves d'attachement. Il devait pourtant bien se rendre compte, que cette attitude ne pouvait que fournir un nouvel aliment à la malveillance. Mais dès qu'il eut compris que l'opinion du monde était définitive, il en tira les conséquences, sans s'inquiéter de la pauvre Hortense qui n'en pouvait mais ! L'intérêt de la dynastie exigeait un héritier. Or Napoléon n'en pouvait plus espérer de son mariage, et il reculait encore à cette époque devant l'idée de se séparer de Joséphine et devant toutes les conséquences de cet acte. Aussi se décida-t-il à se choisir un successeur pris dans sa famille. Le petit Charles Napoléon, petit-fils de son épouse Joséphine, fils de sa fille adoptive, premier enfant de son frère Louis, alors très en faveur, lui parut tout désigné par la Destinée. N'avait-il pas vu le jour sous le Consulat ? n'était-il pas pour ainsi dire le premier prince français de la maison Bonaparte ? Une dernière raison, décisive celle-là, pour faire de lui son héritier présomptif, c'était l'opinion publique. Tous les contemporains louent les dons et la grâce de cet enfant. Napoléon a voué à cet aimable petit garçon toute la tendresse, dont sa nature était capable. Chacun était convaincu qu'il serait quelque jour le successeur de l'Empereur. On pensait à une adoption. Devenue presque la règle pour la succession des Césars romains, elle ne pouvait apparaître que comme une disposition très admissible et de très bon augure dans l'Empire ressuscité !

Toutes ces espérances, tous ces vœux, toutes ces craintes s'évanouirent devant la mort inattendue de l'enfant que le croup enleva en quelques heures.

Ce n'est que le 11 mai que l'Empereur apprend cette perte à Finckenstein. Une profonde douleur perce dans ses lettres de condoléances aux parents accablés, et surtout dans celle qu'il écrit à Hortense succombant presque sous le poids de son malheur.

Le 2 juin, de Danzig, où il s'était rendu de Finckenstein pour deux jours, l'Empereur écrit :

« Ma fille, vous ne m'avez pas écrit un mot dans votre juste et grande douleur. Vous avez tout oublié, comme si vous n'aviez pas encore des pertes à faire. On dit que vous n'aimez plus rien, que vous êtes indifférente à tout ; je m'en aperçois à votre silence. Cela n'est pas bien, Hortense ! Ce n'est pas ce que vous nous promettiez. Votre fils était tout pour vous. Votre mère et moi ne sommes donc rien ! Si j'avais été à la Malmaison, j'aurais partagé votre peine, mais j'aurais voulu aussi que vous vous rendissiez à vos meilleurs amis.

« Adieu, ma fille ; soyez gaie ; il faut se résigner. Portez-vous bien pour remplir tous vos devoirs. Ma femme est toute triste de votre état ; ne lui faites plus de chagrin.

« Votre affectionné père,

« NAPOLÉON. »

Est-ce aller trop loin que de supposer que sous l'impression de ce malheur, la pensée de se séparer de Joséphine et d'épouser une princesse d'une vieille maison souveraine, pouvait déjà s'être fait jour dans l'âme du grand parvenu ? Trois ans plus tard, cette pensée est réalisée. On en connaît les fatales conséquences : le refroidissement de l'amitié russe et l'accroissement démesuré du césarisme napoléonien ! Au moment même où il répudiait Joséphine et obtenait la main d'une fille de la maison impériale de Lorraine, Napoléon tournait le dos au bonheur et provoquait la Destinée. Par cette union, il crut avoir forcé l'entrée du cercle des princes légitimes, comme par la naissance du roi de Rome, il tint pour définitif l'établissement de sa dynastie. Fatale illusion ! Elle l'empêcha d'entendre les ricanements des Parques alors sur le point de serrer enfin le filet funeste, dont nous avons vu se former les premières mailles. Et parmi celles-ci, il faut absolument compter la mort du petit Charles Napoléon.

Afin de pouvoir apprécier la maîtrise de Napoléon dans le domaine des conceptions et des décisions politiques ainsi que des négociations, il paraît nécessaire de jeter un regard dans le camp des alliés. Là on nourrissait à cette époque de très grands espoirs en une évolution favorable de la situation générale. Après l'issue indécise de la bataille d'Eylau et les pertes énormes subies par les Français, on avait bien, il est vrai, laissé échapper le moment décisif, grâce à la pusillanimité du généralissime russe. Au lieu de continuer vigoureusement l'offensive vers la basse Vistule, et, abandonnant Kœnigsberg et les communications avec la Russie, de se baser sur Danzig et les côtes de la Baltique où l'aide de la flotte anglaise n'eut pas été à dédaigner, on avait renoncé à toute idée de conduite énergique et on s'était retiré sous Kœnigsberg. C'était là une décision incompréhensible, qui aurait eu les conséquences les plus néfastes, si l'armée française avait encore été en état de manœuvrer. Et il faut bien qu'on l'ait crue telle, sinon cette retraite après une bataille à demi gagnée aurait été absolument condamnable. Accepter une bataille au sud de Kœnigsberg en s'appuyant au Samland dépourvu de ports, eut entraîné, en cas d'issue malheureuse, la capitulation de l'armée alliée. Le général prussien V. L'Estocq fut le seul à voir ce danger. Aussi prit-il sous sa propre responsabilité de séparer son corps de l'armée russe et de marcher sur Wehlau, afin de conserver au moins à son roi la seule force encore debout. C'est pourquoi, alors que l'armée russe projetait d'accepter une bataille décisive pour couvrir la capitale de cette province prussienne, le corps prussien, à qui pourtant cette tâche eût plus particulièrement incombé, se disposait à franchir la frontière en cas de nécessité et à aller faire sa jonction avec les troupes russes en marche.

Par tout cela on peut juger de la confusion et du manque de tout plan méthodique qui régnaient au quartier général des Alliés.

Il en va tout autrement du côté de Napoléon ! L'Empereur lit clairement dans la situation. Il sait qu'avec une armée réduite et épuisée il ne peut songer à frapper un coup décisif ; et, aussitôt, il tire les conséquences de cette constatation. Son instrument militaire est hors d'état de servir ? Il fait donc jouer tous les ressorts politiques, pour se créer des alliés, pour gagner du temps, pour préparer ses armements, et, avant tout, pour détendre, et, si possible, pour rompre la coalition de ses adversaires par d'hypocrites propositions, par des offres de paix et par des marques d'amitié prodiguées à chacun d'eux en particulier. A plusieurs reprises, il entame des négociations avec le roi Frédéric-Guillaume, avec le roi de Suède, avec le Tsar.

Dès le 13 février, l'Empereur envoie le général Bertrand à Memel avec des propositions de paix. Il offre de rendre tout le pays à l'est de l'Elbe, y compris les provinces polonaises ; il demande l'entrée de la Prusse dans la Confédération du Rhin, sans qu'elle soit obligée pourtant de faire la guerre à ses anciens alliés ; il propose la réunion d'un congrès ; etc... On le voit : le baromètre était alors très bas au quartier général français. Frédéric-Guillaume reçut le négociateur le 16 février, bien entendu après avoir demandé son assentiment au quartier général russe. Les deux partis espéraient gagner du temps en négociant ; restait à savoir lequel des deux saurait en tirer le plus de profit. Cette tentative de Napoléon pour séparer la Prusse de la Russie vint se briser contre l'opposition résolue de Hardenberg. Ce diplomate perçait à jour les intentions du Corse et il poussa le roi à répondre évasivement. Le ministre des affaires étrangères, au contraire, le général von Zastrow, était chaudement partisan de l'alliance avec la France.

Dans sa réponse à Napoléon, le roi laissa entendre que tout en approuvant de tout cœur la proposition qui lui était faite, il n'adhérerait qu'à une paix générale à laquelle participeraient la Russie et l'Angleterre. Or c'était précisément là ce que Napoléon ne voulait pas. Dès lors commença à mûrir dans sa pensée la résolution d'anéantir complètement et de rayer de la carte de l'Europe cette Prusse détestée, qui ne trouvait pas bon de se soumettre. Et on sait combien ce destin fut près de se réaliser.

Napoléon a reconnu à Ste-Hélène, que la paix de Tilsitt, tout en paraissant asseoir à jamais sa domination universelle, avait, en réalité, préparé sa ruine. En laissant subsister le royaume de Prusse, il avait commis une faute irréparable. Sans la Prusse, en effet, jamais le soulèvement de l'Allemagne n'aurait eu lieu, pas plus d'ailleurs que la dernière grande coalition de l'Europe contre lui. Cet aveu montre avec quelle justesse, le maître du monde apprécia, déchu, les forces auxquelles il dut succomber. Latentes pendant des années, ces forces grandirent et se développèrent sous l'oppression du vainqueur soupçonneux. Elles firent enfin explosion en un point, appelant ainsi le monde incertain et indécis à la lutte générale contre l'usurpateur, l'entrainant avec elles et délivrant l'Occident de la servitude !

Rejeter ces perfides propositions d'alliance de Memel, et par contre maintenir l'alliance avec la Russie et l'Angleterre (ce maintien eut pour conséquence la signature de la convention de Bartenstein, dont nous nous occuperons plus loin, puisque cet acte appartient à la phase que nous étudions), c'était à ce moment là une décision grave et héroïque. Son action sur la suite des événements a été capitale. Aussi devons-nous ici une pensée de reconnaissance à l'homme, qui, comme conseiller du roi, a heureusement employé son influence à le faire persévérer dans la voie où il était engagé, et qui a gardé intacte sa foi en l'avenir de sa patrie. Napoléon qui avait un flair infaillible pour connaître les sentiments des hommes à son égard, savait très bien ce qu'il faisait, lorsqu'il exigea plus tard du roi le renvoi de Hardenberg. Mais les successeurs de ce ministre agirent avec le même esprit, et le royaume de Prusse, encore qu'il parût asservi, opprimé, désarmé, appauvri et sans défense, n'en demeura pas moins debout. Dans le plus grand silence il se mit à reprendre des forces, à s'armer et à guetter l'heure de la délivrance.

La convention de Bartenstein, signée le 26 avril au quartier-général russe de Schippenbeil par les souverains de Russie et de Prusse, a été rédigée d'après un brouillon de Hardenberg. Parce qu'elles nous montrent combien le baromètre était haut dans le camp des alliés, les stipulations contenues dans cet acte remarquable, sont particulièrement intéressantes. Nous devons en prendre connaissance, encore que le cours des événements ait révélé la fragilité de tous ces plans de grande envergure. Hardenberg était un patriote, mais ce n'était pas un politique comme Napoléon. Il s'illusionnait sur l'état des affaires tant au point de vue militaire que politique, et il dressa un programme qui prévoyait déjà la coalition générale de l'Europe contre l'usurpateur ! C'était six ans trop tôt !

Voici quelles étaient les dispositions de cette convention :

« Les Alliés n'ont pas l'intention de s'immiscer dans les affaires intérieures de la France ; mais ils veulent élever une barrière contre les accroissements continus de cette puissance. L'Allemagne ne pourra être indépendante, tant que la France sera maîtresse du Rhin et aura des troupes dans ce pays. D'accord avec l'Autriche, qui doit rentrer en possession du Tyrol et d'une partie de l'Italie, les Alliés ont l'intention de créer une confédération germanique, sans toutefois relever l'ancienne constitution !

« La Russie s'engage à employer toutes ses forces à rétablir la Prusse dans son ancienne puissance. Elle lui garantit un dédommagement de même valeur pour des provinces, qui pourraient ne pas lui être restituées (évidemment les territoires polonais, qui doivent échoir à la Russie !) et une meilleure frontière militaire.

« L'Angleterre est invitée à soutenir les Alliés tant en leur fournissant des subsides, des armes et des munitions qu'en attaquant les derrières de l'armée française. En retour on s'efforcera d'accroître le domaine allemand du roi de Grande-Bretagne.

« Dans le cas où elle adhèrerait à la coalition, la Suède recevra des avantages, sur lesquels on s'entendra ultérieurement. »

D'autres articles traitent d'une indemnité pour le prince d'Orange, et d'une nouvelle organisation de l'Italie :

« Les deux Alliés s'engagent à ne faire aucune conquête pour leur compte personnel pendant la durée de la présente guerre ».

Le roi de Prusse, Frédéric-Guillaume III, envoya à l'empereur Napoléon un message, dans lequel, au nom de la Russie, de l'Angleterre et de la Prusse, il émettait le vœu de voir la paix se conclure et invitait l'Empereur à s'expliquer plus clairement au sujet des indemnités, indispensables à l'établissement d'une paix durable, que les

Cours de Russie et d'Angleterre s'étaient engagées à donner aux puissances lésées jusqu'à ce jour. Il proposait en outre la réunion d'un Congrès à Copenhague : l'Autriche et la Suède étaient désignées comme devant y prendre part, mais la Porte en était écartée, etc...

Il était de toute évidence que Napoléon n'eut pu accepter de telles propositions qu'après avoir subi une défaite écrasante. Pourtant il se garde bien de les rejeter !

La réorganisation de son armée est loin d'être achevée : les négociations politiques doivent favoriser l'exécution de ses plans militaires. C'est donc dans ce sens qu'il nous faut interpréter cette lettre de l'Empereur au roi Frédéric-Guillaume :

« Finckenstein, 29 avril 1807.

« Monsieur mon frère, Votre Majesté me paraissait désirer que la paix actuelle fût générale, honorable et solide. Mais serait-elle générale, si plusieurs des principaux Etats belligérants n'y étaient pas compris et n'étaient pas appelés à défendre eux-mêmes leurs intérêts ? Serait-elle honorable, si, contre la teneur des engagements les plus saints, elle séparait ceux qui ont fait cause commune dans la guerre actuelle, tandis qu'elle admet tous les alliés d'une des parties belligérantes ? Serait-elle solide, si l'existence, l'indépendance et les rapports de plusieurs grandes puissances, à la fois continentales et maritimes, qui se trouvent engagées dans la présente guerre, n'étaient convenablement établis pour elles-mêmes et pour toute l'Europe ? Les garanties, quelles qu'elles soient, ne peuvent donner à la paix qu'un appui extérieur et fragile. La solidité réelle repose sur la nature des stipulations, sur l'harmonie réelle des rapports qu'elle établit. La participation aux travaux de la paix de l'Espagne, de la Porte Ottomane et des autres parties belligérantes, alliées de la France, engagées dans la présente guerre, est non moins nécessaire que juste. Je ne fais aucune difficulté d'admettre, ce que la France a toujours regardé comme contraire aux premiers principes de sa politique, l'Angleterre et la Russie à faire cause commune. Pourquoi me refuserait-on la même chose avec la Turquie? Je me plais à espérer que Votre Majesté sera convaincue de la force des motifs qui me guident; et en faisant admettre la participation de toutes les puissances belligérantes de part et d'autre au présent Congrès, Elle écartera le seul obstacle qui s'oppose actuellement à l'ouverture des négociations, dont Votre Majesté espère, comme je veux aussi m'en flatter, la prompte fin de la guerre et le retour de la paix et de l'harmonie, dont tous les peuples ont en réalité tant besoin.

« NAPOLÉON. »

C'est bien là l'avocat couronné, qui traite sérieusement une affaire, alors qu'il sait fort bien qu'elle ne se réalisera jamais, alors même qu'il ne veut pas qu'elle se réalise !

Voyons ce qu'il a écrit six jours auparavant à Talleyrand :

« Finckenstein, 23 avril 1807.

« Monsieur le Prince de Bénévent, je reçois votre lettre du 20 avril. Il me semble que vous vous êtes trop avancé en disant que vous pensiez qu'un armistice sur la base du *status præsens* pourrait convenir. Je vous ai recommandé et je vous recommande encore la plus grande circonspection. Vous connaissez d'abord qu'il faut que j'aie Dantzig ; il est possible même qu'il faut que j'aie Graudenz. Vous avez donc commis une très grande faute, etc... »

Le reste de la lettre contient une instruction magistrale, sur la conduite à tenir pour traîner les choses en longueur, gagner du temps, sans rien rompre, pour empêcher l'intervention de l'Autriche, sans toutefois heurter cette puissance.

« Je regarde l'intervention de l'Autriche comme un malheur ; j'y ai répondu parce que je n'ai voulu offrir aucun prétexte dans les moments actuels. Il faut donc être circonspect, marcher doucement et voir venir : ne s'engager en rien d'aucune manière, pas d'un iota plus qu'il n'est écrit dans la note ; il faut que le lieu même où doit se réunir le Congrès puisse, si cela convient, devenir un objet de longueur et de discussions, etc...

« Les Suédois ont été battus. D'Armfeld a été blessé. Nous avons fait 1.200 prisonniers et pris six pièces de canon. Le général Essen a dit que le roi de Suède voulait faire la paix !

« NAPOLÉON. »

Remarquons ce dernier passage ! L'incident suédois est réglé : cela veut dire que Talleyrand doit être très réservé sur le chapitre des concessions. Et le langage de l'Empereur sera tout autre, dès que Danzig aura capitulé : cela n'arrivera d'ailleurs que dans un mois, alors que Napoléon comptait que cet événement ne demanderait plus qu'une quinzaine de jours pour se réaliser.

Le 24 mai, l'Empereur écrit à Fouché :

..... « Faites faire dans les journaux des articles qui présentent le roi de Prusse comme ayant chassé d'auprès de lui MM. Zastrow, Stein, Schulenburg, Moellendorf et les vrais Prussiens ; comme étant aujourd'hui tout à fait mené par M. de Hardenberg, entièrement à la disposition de la Russie. Faites sentir que ce monarque, dans son abaissement, est encore plus petit par la conduite qu'il tient que par ses malheurs ; qu'à la suite de l'empereur de Russie, dont il est moins que l'aide de camp, il entend souvent de durs propos contre sa nation et son armée ; qu'en réalité on ne fait aucun cas de ses intérêts et de ceux de ses peuples, dont la détresse ne paraît point le toucher ; qu'il ne fait autre chose que de chasser les ministres qui avaient l'opinion d'être pacifiques, pour s'entourer de ceux connus par une haine furibonde contre la France ; que du reste, son armée se monte à peu près à 12.000 hommes ; qu'il n'a presque plus rien de sa province de Silésie, et que le peu qui lui en reste est brûlé, ruiné, saccagé par les Cosaques.

« NAPOLÉON. »

Et le 27 mai, à l'Empereur d'Autriche :

« Monsieur mon frère, Votre Majesté m'ayant proposé son intervention amicale pour mettre un terme aux maux de la guerre, une réciprocité de confiance envers Elle est devenue une obligation, et, bien plus encore, un besoin pour moi. C'est ce qui me porte à communiquer confidentiellement à Votre Majesté tout ce qu'il y a eu de correspondance et de négociations entre les puissances ennemies et moi. Quoique tout paraisse encore bien indécis et que j'attende, pour fixer mes idées la réponse de Sa Majesté le roi de Prusse, annoncée dans sa lettre du 21 de ce mois, je n'ai pas voulu différer de faire connaître à Votre Majesté l'état des choses. Votre Majesté verra par cette communication le prix que j'attache à son amitié et la haute confiance qu'Elle m'inspire.

« NAPOLÉON. »

En même temps le représentant de Talleyrand reçoit des instructions très précises pour amuser par toutes sortes de subterfuges le négociateur autrichien, le baron de Vincent, pour élever des difficultés et ne faire aucune concession. Aux yeux de Napoléon ces négociations ne sont faites que pour gagner le temps nécessaire à ses armements et pour écarter la médiation de l'Autriche. Depuis la chute de Danzig et l'arrivée des régiments provisoires, il n'attend plus que le retour de la bonne saison pour reprendre les opérations militaires et terminer la campagne par une grande victoire.

En attendant nous le voyons s'efforcer de créer de tous côtés des difficultés à ses principaux ennemis, les Russes et les Anglais, en les menaçant sur le terrain militaire et diplomatique. Il met en mouvement la Porte, l'Egypte, la Perse, Naples, l'Espagne, les Etats riverains de la Méditerranée, de la mer Noire, de la Caspienne et du lac d'Aral ! Il les pousse à la guerre ou les stimule à persévérer dans la défensive.

Le 3 avril, il écrit à l'archi-chancelier Cambacérès :

... « Vous pouvez faire mettre dans le *Moniteur* cette courte note : « Nous recevons de Constantinople des nouvelles officielles. Les affaires vont au mieux de ce côté. Les Anglais ont complètement échoué et ont été obligés de repasser le détroit des Dardanelles, et la Porte montre une énergie, qui a confondu les Anglais et les Russes.

« A demain les détails.

« N... »

Et le même jour, à Talleyrand :

« Monsieur le Prince de Bénévent, je vous enverrai demain le récit de toute l'affaire de Constantinople... vous pouvez le faire imprimer dans la Gazette de Varsovie.

« Expédiez sur le champ un courrier à Constantinople. Dites à Sébastiani (ambassadeur de France auprès de la Porte qui, par son habile conduite et par son influence sur le Sultan Sélim, fit échouer la tentative des Anglais sur Constantinople), que j'ai donné des ordres pour que tout ce qu'il demandera en Dalmatie parte sur le champ, etc... »

L'Empereur se déclare prêt à envoyer en Turquie des troupes françaises et, en particulier, des officiers, qui instruiront l'armée turque. Il va jusqu'à prendre à sa charge l'entretien et la solde de cette armée : « Ce n'est pas le moment de regarder à l'argent. »

« Ecrivez à l'officier, que j'ai à Widdin, M. Mériage, qu'il assure l'aga de ma protection, que je lui offre armes, poudre et tout ce dont je puis disposer ; que je ne lui demande que d'être fidèle à la Porte et de marcher franchement contre l'ennemi commun. Témoignez à Sébastiani ma satisfaction de sa conduite. Il remettra la lettre ci-jointe au Grand-Seigneur.

« Dans la traduction de la lettre de l'Empereur de Perse on a oublié la date ! il m'est très intéressant de la connaître. Je vous envoie une réponse. Le général Sébastiani la fera porter en Perse par un de ses officiers, et, comme il va lui arriver un grand nombre d'officiers d'artillerie et du génie, je désire qu'il en charge un officier, qui puisse apprécier les forces de cet Empire, ce que n'a pu faire M. Jaubert qui n'est pas militaire.

« NAPOLÉON. »

La lettre au Sultan Sélim, écrite le même jour est ainsi conçue :

« Mon ambassadeur m'apprend la bonne conduite et la bravoure des Musulmans de Constantinople contre nos ennemis communs. Tu t'es montré le digne descendant de Sélim et de Soliman, tu m'as demandé quelques officiers, je te les envoie..... Généraux, officiers, armes de toute espèce, argent même, je mets tout à ta disposition ; tu n'as qu'à demander. Demande d'une manière claire et tout ce que tu demanderas, je te l'enverrai sur l'heure.

« Arrange-toi avec le Schah de Perse, qui est aussi l'ennemi des Russes ; engage-le à tenir ferme et à attaquer vivement l'ennemi commun. J'ai battu les Russes (Eylau?) etc... Confie-moi tes besoins. Je suis assez puissant et assez intéressé à tes succès, tant par amitié que par politique, pour n'avoir rien à te refuser.

« Ici on m'a proposé la paix (?) : on m'accordait tous les avantages que je pouvais désirer ; mais on voulait que je ratifiasse l'état de choses établi entre la Porte et la Russie par le traité de Sistowa, et je m'y suis refusé. J'ai répondu qu'il fallait qu'une indépendance absolue fût assurée à la Porte, et que tous les traités, qui lui avaient été arrachés pendant que la France sommeillait (l'expédition d'Egypte dirigée par Napoléon contre ce même Sultan Sélim, 9 ans auparavant, est passée sous silence !) fussent révoqués.

« N... »

Le même jour, il écrit au Schah au Perse :

« Je reçois ta lettre qu'a apportée à Constantinople ton serviteur Jussul-Aga. J'ai ordonné à mon ambassadeur de t'envoyer celle-ci par un de ses officiers.

« Beaucoup de troupes du Don, qui t'étaient opposées, sont venues en Pologne. J'en ai fait prisonniers un grand nombre.

« Le Sultan Sélim désire vivre en paix avec toi : resserrez vos liens ; les petites mésintelligences doivent disparaître devant les véritables ennemis. J'ai écrit à Constantinople qu'on fasse venir ici l'officier que tu as envoyé, afin que je puisse causer avec lui en détail sur toi et sur ton armée.

« Arrête toutes les communications des Anglais avec les Indes ; intercepte leurs courriers ; ils sont amis des Russes et nos ennemis. Apprends-moi bientôt que tu as obtenu dans cette campagne de nouveaux succès et que tu as fait du mal à l'ennemi commun.

« N... »

Tel est le langage que l'on comprend en Orient, d'autant mieux qu'on y sait que derrière lui se cache la force et la volonté d'en faire usage.

Le 7 avril, Napoléon écrit de nouveau au Sultan Sélim. C'est une lettre magistrale. Il le félicite du grand succès remporté sur les Anglais ; avec une sage réserve, il attribue tout le mérite de cette affaire au Sultan et aux Turcs. Ce n'est qu'incidemment qu'il fait remarquer qu'il a conféré la grand'croix de la Légion d'honneur au général

Sébastiani, et il prie le Sultan de bien vouloir remettre lui-même cette haute décoration au général : ... « elle acquerra pour lui un nouveau prix en la recevant de la main d'un si grand souverain.

« Ecrit en notre château de Finckenstein !

« N... »

Ainsi, « notre château de Finckenstein ! » Le Sultan Sélim va savoir et il croira que son ami, l'Empereur Napoléon, possède un château sur la rive orientale de la Vistule et qu'il y a son quartier général. D'après les idées orientales, un grand souverain, du seul fait qu'il entre dans quelque château, en devient propriétaire pour toute la durée de son séjour. Napoléon connaissait bien cette fiction, depuis les expéditions d'Egypte et de Syrie : elle lui sembla être tout à fait à sa place dans une correspondance avec le Grand-Seigneur.

Le 12 avril, l'Empereur envoie à Talleyrand une instruction préalable pour le général Gardanne qui doit aller occuper à Téhéran le poste d'ambassadeur et y remplacer le chargé d'affaires, M. Jaubert, dont il a déjà été question. Après avoir réglé toutes les questions de détail, l'Empereur résume en les précisant les principaux points de l'instruction :

« 1° Reconnaitre les ressources de la Perse, tant au point de vue militaire, qu'au point de vue du commerce, et nous transmettre des renseignements fréquents et nombreux ; bien étudier surtout la nature des obstacles qu'aurait à franchir une armée française de 40.000 hommes, qui se rendrait aux Grandes Indes et qui serait favorisée par la Perse et par la Porte ;

« 2° Considérer la Perse comme alliée naturelle de la France, à cause de son inimitié avec la Russie ; entretenir cette inimitié, diriger les efforts des Persans, faire tout ce qui sera possible pour améliorer leurs troupes, leur artillerie, leurs fortifications, afin de les rendre plus redoutables aux ennemis communs ;

« 3° Considérer la Perse au point de vue de l'Angleterre ; l'exciter à ne plus laisser passer les dépêches, les courriers anglais, et à entraver par tous les moyens le commerce de la Compagnie anglaise des Indes ; correspondre avec l'Ile de France, en favoriser le commerce autant que possible ; être en correspondance suivie avec notre ambassadeur à Constantinople, et resserrer les liens entre la Perse et la Porte... »

Après cela viennent les questions de détail, d'ordre militaire, sur lesquelles l'ambassadeur doit fournir des rapports, et son prédécesseur, M. Jaubert, reçoit l'ordre de se présenter à l'Empereur, dès son retour, afin de le renseigner sur le pays et sur ses habitants. La dépêche conclut :

« Vous comprenez de quel intérêt il est pour moi de m'allier avec la Perse. Si l'on est aussi raisonnable qu'on le paraît, il est impossible qu'en envoyant au mois d'octobre en Perse une escadre portant 1.500 hommes avec des officiers et des sous-officiers, je ne parvienne pas à faire une diversion immense contre la Russie. Vous en parlerez dans ce sens à l'Ambassadeur, en lui disant que j'enverrai le cadre d'un corps de 10 à 12.000 hommes en officiers, qu'on remplira en Perse avec des soldats. Ce corps sera en deux mois en état de battre les Russes. Gardanne est bien capable, non seulement de diriger, mais même de commander ce corps. Je vous laisse à penser l'effroi qu'aurait l'Angleterre et la Russie, trois mois après la présence de ce corps de troupes en Perse.

« N... »

On le voit, l'Empereur a les yeux fixés sur l'Orient. Là, en Asie, à l'endroit même où aujourd'hui Russes et Anglais sont presque au contact, là, aux frontières de l'Afghanistan, de la Perse et des territoires transcaspiens, Napoléon veut se glisser entre la Russie et l'Angleterre, et, entraînant derrière lui les Turcs et les Persans, s'avancer jusqu'aux Indes. Rêve de Titan, qui jadis conduisit en Syrie le jeune général et qui mènera demain à Moscou l'Imperator escorté d'un demi-million d'hommes.

Le 27 avril a lieu à Finckenstein la réception de l'Ambassadeur persan. Napoléon écrit à ce sujet à Talleyrand :

« J'ai vu ce matin l'Ambassadeur persan. J'ai coupé court à toutes ses phrases orientales et je lui ai demandé net l'état de la question, en lui faisant comprendre que je connaissais l'état de son pays, et qu'il fallait traiter les affaires comme des affaires, etc... »

C'est la scène que Napoléon, rentré à Paris, fit représenter, donnant lui-même et de mémoire, les indications nécessaires à l'artiste. Le tableau n'a donc qu'une valeur historique et on ne saurait prétendre qu'il est une reproduction fidèle des personnages et des détails. [1]

Voici la réponse que l'Empereur fait le 5 mai à la lettre que l'Ambassadeur lui a remise de la part du Schah :

« Camp Impérial de Finckenstein.

« Napoléon, Empereur des Français, Roi d'Italie à Feth Ali, Empereur des Persans, salut !

---

1. Le tableau de Mulard. (Musée de Versailles). — Note du Traducteur.

« J'ai reçu la lettre que tu m'as fait remettre par ton ambassadeur extraordinaire, le très noble et très élevé Mohammed Riza Beg. J'ai reconnu à ce qu'elle contient et à ce qu'il m'a dit de ta part, la sincérité de tes sentiments pour moi, ton désir de consolider notre amitié par les liens les plus étroits, et ta ferme volonté d'unir constamment tes efforts aux miens contre nos ennemis communs. J'ai en conséquence ordonné à mon ministre de conclure avec lui un traité d'alliance, dont les ratifications signées de ma main et scellées de mon sceau impérial seront échangées dans ta capitale [1]. La fidèle exécution fera la gloire de ton Empire et le désespoir de nos ennemis.

« Je te souhaite les bénédictions du ciel, un règne long et glorieux et une fin heureuse.

« N... »

Le 73ᵉ Bulletin de la Grande Armée, daté le 8 mai d'Elbing (où l'Empereur s'était rendu pour deux jours afin de voir manœuvrer 18.000 hommes de cavalerie), dit de cette réception :

« L'Ambassadeur persan a reçu son audience de congé ; il a apporté de magnifiques présents à l'Empereur de la part de son maître, et a reçu en échange le portrait de l'Empereur enrichi de très belles pierreries... etc. »

Vient ensuite une instruction magistrale et détaillée du 10 mai, destinée au général Gardanne. Elle remplit cinq pages. On peut la trouver et l'étudier dans la Correspondance sous le numéro 12.563.

1. Le traité d'alliance avec la Perse fut signé le 4 mai. — Note du Traducteur.

Chapitre X

Les extraits de la correspondance militaire et politique de l'Empereur, que nous venons de citer, ne constituent qu'un fragment imperceptible de ce que Napoléon a fait pendant cette période. Le lecteur n'en a pas moins l'impression d'une stupéfiante puissance de travail. Sans tomber dans les exagérations de Taine au sujet de cette force de travail, on doit convenir que, par son étendue, le génie de cet homme extraordinaire est sans exemple. Génie universel il s'occupe, selon que le besoin s'en fait sentir de détails, dont ses ministres compétents sont gravement embarrassés et qui par leur abondance et la précision de la forme dont il les revêt, nous paraissent à la fois incompréhensibles et intangibles. Un tel phénomène nous oblige à reconnaître en Napoléon un « surhomme » qu'il faut distinguer des autres hommes, non pas graduellement, mais d'une façon absolue par la constitution même de sa nature. Ce qui nous reste à décrire encore ôtera tout doute à ce sujet. Nous verrons Napoléon agir dans des domaines dans lesquels par sa formation il devait se sentir absolument étranger, et où pourtant il apparaît en maître.

Que dira-t-on, par exemple, si l'on étudie le projet que l'Empereur dicte le 15 mai, sans préparation et tout d'un trait. Il s'agit de la fondation d'un établissement pour les filles des officiers tués, orphelines qui jadis ne manquaient de rien et à qui la sympathie de l'Empereur va tout particulièrement. Le projet remplit quatre pages et c'est un chef d'œuvre, qui peut servir aujourd'hui encore de modèle pour de semblables institutions. Tout est réglé : établissement, organisation, but, plan d'instruction, esprit de l'éducation, habillement, nourriture, hygiène, tout jusqu'à l'exclusion des hommes, sauf d'un Directeur personnellement responsable. En un mot, c'est une œuvre harmonieusement ordonnée dans ses parties et sans lacunes !

Que dire maintenant, si ont lit les observations, dictées par Napoléon le 19 avril, sur le projet de fondation d'une chaire spéciale de littérature et d'histoire au Collège de France (sept pages de texte), ou si l'on parcourt les dispositions prises le 28 mai par l'Empereur pour le dépôt de l'épée du grand Frédéric dans l'église des Invalides ! ou bien encore si on lit les remarques dictées par Napoléon sur un rapport du Ministre de l'Intérieur au sujet du concours d'artistes institué pour l'érection de l'église de la Madeleine ? Là, treize questions d'une grande importance sont discutées et tranchées ! Que dira-t-on enfin si l'on étudie les sept bulletins rédigés à Finckenstein, les ordres adressés aux différents ministres, les exposés sur la situation générale de l'empire, documents qui témoignent tous d'une admirable connaissance des choses et d'une incomparable clarté dans l'organisation ! Nous nous arrêtons et nous terminons cet aperçu de l'activité de Napoléon en nous en remettant au lecteur du soin de s'informer lui-même.

Il nous reste encore à décrire rapidement les événements militaires qui déterminèrent l'Empereur à quitter Finckenstein.

Au lendemain de la chute de Danzig, Napoléon s'attendait si peu à une attaque de la part des Alliés qu'il s'était rendu le 1er juin à Danzig pour visiter les travaux ordonnés pour la remise en état des fortifications, et que, le 3 juin, il s'arrêta à Marienbourg pour voir où en était la construction de la tête de pont et y inspecter la réserve de cavalerie et le corps saxon. Ce ne fut que le 4 juin qu'il revint à Finckenstein avec l'intention de reprendre les opérations le 10. Mais les Alliés l'avaient devancé. Dès ce même 4 juin, de sanglants combats avaient eu lieu déjà sur la Passarge et sur l'Alle. Le grand maître de la guerre fut surpris pour avoir supposé ses adversaires guidés par les mêmes motifs raisonnables que ceux d'après lesquels il agissait lui-même ! Il dut faire appel à toute son énergie et à toute la promptitude de son admirable nature pour parer à des catastrophes partielles. L'indécision et la maladresse des Alliés fit le reste.

Dans ce quartier-général, on avait pris une décision parfaitement judicieuse au point de vue militaire. Il s'agissait de tomber avec des forces supérieures sur le VIe Corps (Ney), placé, comme nous l'avons montré plus haut, dans une situation extrêmement défavorable et de l'écraser avant qu'il ait pu être secouru ou avoir repassé à Deppen la Passarge, à laquelle il était adossé.

On attaqua à la fois et par surprise tous les passages de la basse Passarge, ce qui donna lieu à des combats très sérieux au cours des journées des 4 et 5 juin. L'attaque du 4 juin sur la tête de pont de Spanden fut repoussée après une lutte sanglante, pendant laquelle le maréchal Bernadotte, commandant le 1er Corps d'armée français, fut légèrement blessé. Le 5 juin, on réussit à s'emparer du passage de Lemitten ; mais ce succès n'eut aucune influence sur la suite des opérations. Le même jour le maréchal Ney se vit sérieusement menacé dans son quartier-général de Guttstadt. La situation était extrêmement critique, et il dut se retirer sur Ankendorf, en perdant beaucoup de monde. Le 6 juin, il repassa la Passarge à Deppen, au milieu des plus grandes difficultés. Si l'on considère les forces en présence, — 63.000 Russes contre 17.000 Français, — on doit rendre hommage bien haut à l'intrépidité et à l'habileté du maréchal Ney, qui, menacé d'un écrasement total, sut se tirer de ce grand péril.

Par contre l'incapacité et la maladresse des généraux russes méritent d'être sévèrement jugées. D'ailleurs l'échec de cette entreprise pourtant bien conçue fut pour le général von Bennigsen l'occasion d'accuser le général von Sacken d'avoir désobéi de propos délibéré aux ordres du quartier-général. Il demanda son rappel. En réalité ce général, qui plus tard à l'armée de Silésie, sous les ordres de Blücher, pendant la guerre de l'Indépendance, devait se révéler chef de corps éminent, eut les 6 et 7 juin une conduite complètement incompréhensible et blâmable.

N'ayant pu réussir à écraser dans des circonstances si favorables un faible corps français isolé, le généralissime russe ne pouvait plus s'illusionner sur le danger de sa propre position. Fallait-il accepter une bataille décisive en rase campagne contre l'armée ennemie commandée par Napoléon ? Pour un homme comme Bennigsen, ce parti n'avait aucune chance de succès. Aussi ordonna-t-il la retraite de ses troupes sur la position d'Heilsberg, qu'il avait fait préparer et fortifier. C'est là qu'eut lieu le 10 juin la première rencontre des deux armées, et l'événement a prouvé le bien-fondé de la décision de Bennigsen.

Voyons maintenant comment de son côté Napoléon s'y est pris pour pouvoir passer de la défensive, qui lui était imposée par l'attaque inopinée des All... à u e offensive décisive.

Les p   er s nouvelles de l'ouverture des hostilités parv r. t à l'Empereur le 5 juin, à midi, à Finckenstein. Au début Napoléon ne crut pas à une sérieuse offensive de l'ennemi, car il ne pouvait expliquer raisonnablement une pareille entreprise en un tel moment. Toutefois il prit de suite ses dispositions pour lever les quartiers d'hiver et rassembler son armée. Le 6 juin, il donna les ordres pour le départ du quartier-général :

« Tous mes gros bagages et objets inutiles se rendront à Danzig et partiront ce soir même. Mon petit quartier-général de guerre se rendra sur-le-champ à Saalfeld. Le petit service d'avant-garde se rendra sur-le-champ à Mohrungen. On enverra au galop l'ordre à l'escadron de la Garde et à la brigade de chevaux de selle, de se porter entre les deux lacs à Seegerswalde. Les chevaux de voiture resteront à Saalfeld pour me mener jusqu'à Seegerswalde, où je monterai à cheval, de sorte que ce soir il ne reste plus rien au château de Finckenstein. Toute ma Garde à cheval, ainsi que l'artillerie qui y est attachée, partiront sur-le-champ, pour se rendre à Saalfeld ; l'infanterie se mettra également en marche pour y arriver sans délai.

« N... »

Le maréchal Ney à Deppen, Davout à Osterode, Bernadotte à Schlobitten, Soult à Sporthenen, les généraux Rapp à Danzig, Victor à Graudenz, Lemarrois à Varsovie, reçoivent des ordres analogues :

« Nous sommes en plein mouvement ; l'ennemi a commencé les hostilités ; tous les cantonnements sont levés, et bientôt des affaires importantes vont avoir lieu ! »

Quelle assurance dans ce langage ! on croit entendre déjà des fanfares de victoire !

Le 6 juin, au soir, l'Empereur monte dans la voiture, qui va le conduire à Saalfeld. Nous ne pouvons l'y suivre : il sort du cadre que nous nous sommes tracé. Rappelons seulement que, huit jours plus tard, l'armée russe était complètement battue et presque anéantie. Tilsitt suivra Friedland, et la puissance de Napoléon croîtra encore ! Pourtant il est permis de dire qu'à partir d'Eylau, la Destinée n'accordera plus rien gratuitement au favori de la Fortune. Après l'incendie de Moscou il perdra lui-même la foi en son étoile, et c'est cette perte, et non celle d'un demi-million d'hommes, qui décidera de son destin !

Là est précisément la différence fondamentale entre les natures géniales et les natures diaboliques. Alors que le génie prouve et conserve toujours irrésistiblement et inconsciemment sa toute puissance, l'homme au génie diabolique se sent environné de puissances sinistres. Tout d'abord elles le conduisent de succès en succès ; mais elles prennent peu à peu le dessus, elles s'emparent de sa volonté et l'entraînent enfin irrésistiblement à sa perte !

L'histoire universelle n'offre pas d'exemple aussi convaincant du développement et du sort final d'un grand homme doué d'un génie diabolique, que la carrière grandiose de Napoléon et sa fin tragique.

Georges Douare.

Fin

BIBLIOGRAPHIE

Von Lettow-Vorbeck. — Oberst a. D. Der Krieg von 1806-1807. Berlin 1890-96. Mittler & Sohn.
Militär-Wochenblatt. — Verschiedene Beiträge.
Correspondance de Napoléon. — Publiée 1854-67. Paris. Plon. 33 vol.
Lettres inédites de Napoléon (Lecestre) Paris 1897. Plon. 3 vol.
   » de Brotonne. – Paris. 1902. Plon. 2 vol.
Mathieu Dumas. — Événements militaires. Paris 1824.
Ranke. — Denkwurdigkeiten Hardenbergs. Leipzig 1877.
Lanfrey. — Histoire de Napoléon Ier. Paris 1869.
Marion. — Sénarmont. Paris 1846.
Taine. — Les origines de la France contemporaine. Paris 1891.
Ste-Beuve. — Causeries du lundi. Paris 1853.
Marmont.
Rapp.
Constant.
Mad. de Rémusat
    } Mémoires.
Mgr Fischer. — Napoléon Ier, Lebens und Charakterbild, etc. Liepzig 1904. Schmidt & Günther.
Archives de Paris et de Dresde.
Chancelier Pasquier. — Mémoires. Paris 1894.
Talleyrand. — Mémoires.
Archives de la famille Dohna.
Comtesse Potocka. — Mémoires.
Lord Rosebery. — Napoléon the last phase. Londres 1900.
Jean Morvan. — Le soldat impérial. Paris 1905. Plon.
Baron de Percy. — Chirurgien en chef de la grande armée. Journal des campagnes. Publ. par Longin. Paris 1904. Plon.
Coignet. — Les cahiers du capitaine Coignet. Paris 1888. Hachette.
Ouvrages de Fr. Masson. Études napoléoniennes. Paris 1894-1902. Société d'éditions littéraires et artistiques.
Yorck. — Napoléon als Feldherr. Berlin 1887. Mittler & Sohn.

ERRATA DE LA TRADUCTION

Pages	Lignes		
14	26	Lisez	Schlodien au lieu de « Schladien ».
	28	—	presque tous les rois.
18	13	—	pendant presque tout le séjour.
35	23	—	sur le bien être de l'humanité.
42	14	—	les empereurs eux mêmes.
56	36	—	a été condamnée.
58	12 et 13	—	le choix de Varsovie au lieu de « le bon choix ».
59	5 et 6	—	dans la première semaine.
62	dernière	—	la ferme d'Auklappen et non « l'ouvrage avancé ».
63	27	—	vers la route de Königsberg.
64	4e alinéa	—	huit jours durant au lieu de « huit semaines ».
67	24	—	et plus tard à Schlobitten.
73	18	—	le retour de Moscou.
74	33	—	le 16 avril au lieu de « le 26 avril ».
75	36	—	Il sait encore.
95	8	—	abandonnant momentanément Königsberg.
107	4	—	Schah de Perse.
110	1	—	a les yeux constamment fixés.
113	1	—	orphelines si nombreuses alors et à qui la sympathie, etc...
117	15	—	La destinée ne lâchera plus le favori de la fortune.

Nice. — Typ. et Lith. J. VENTRE, rue de la Préfecture, 6.